OURHOME

子どもと一緒にたのしく

おかたづけ育、はじめました。

整理収納アドバイザー

Emi

大和書房

「おかたづけ育」といっても、
かたづけの上手な子どもに育てたいわけじゃない。
毎日完璧じゃなくてもいい、
子どもと一緒に工夫しながら、
自分も子どもも成長していきたい。
暮らしってたのしいな、そう思えるおうちにしたい。
家族のシアワセは、暮らしの基本となる「家」から——。
ちゃんと元に戻せるところがあれば、
たくさん散らかしてもいい！　って思えるよね。

「おもちゃ、かたづけなさーい！」

「はやく、着替えちゃいなさい」

「ほらほら、玄関ではくつをそろえないとダメでしょ」


やんちゃざかりの小さな子どもとの暮らしは、つい小言が増えてしまいます。

5歳になる男女の双子がいるわが家も右に同じ。気をつけていても、ついつい……。

本当のところは、そんな小言はできるだけ言いたくないし、子どもだって聞きたくないはず。


玄関先でくつをそろえることが、なかなかできなかったわが双子。

どうしたものかなと考えていたある日、ふと思いつきました。

「くつの形を描いたシートを玄関に置けば、子どもも自然とくつをそろえたくなるかも？」


「わ〜！　なにこれ〜!!」

保育園から帰った子どもたちが、目をキラキラと輝かせています。

すると……おもむろに、自分のくつをシートの上にそろえました。

私は、「よしっ！」と、ちいさくガッツポーズ（笑）。

「すごい！　自分でくつをそろえられたね〜」

そこにはえっへん顔のふたりがいました。


これはあくまでもひとつのきっかけ。

子どもって、親が思っている以上に、

「自分でやりたい気持ち」と、「自分でやれる力」を持っているはず。

子どもの力を信じて、「いつのまにか自分のことが自分でできる」仕組みや仕掛けを、
たくさん家のなかにちりばめられたら最高。

お金も手間もそんなにかけずにできる小さな工夫を、子どもたちと一緒に楽しみながら。

before

おかあさん、
できた〜

おかたづけ育、はじめました。

おもちゃ箱がいっぱいになったら……。

「おもちゃをすべて出す↓これからも使いたいものを選ぶ↓それらを使いやすいように収める」

このような一連の流れを、「整理収納」といいます。

3歳前からおもちゃの整理を私と一緒にはじめたわが双子。5歳になった今では、自分なりのルールで「必要なもの／処分（ゆずるも含む）するもの」を選んでいっています。それぞれ自分なりの基準があるようです。

大きくなるにつれて、いろんな場面で自分のことを自分で決めるタイミングがやってきます。そのときに、「すべて出す↓自分で優先順位を決める↓行動にうつす」というおかたづけ（整理収納）の流れが、きっと役に立つのではないかと考え、おかたづけを通して、自分のことを自分で決める心を育むことを、「おかたづけ育」と名付けました。

かたづけ上手な優等生の子どもに育てよう、ということではなく、「決める力」「工夫する力」「行動にうつす力」が楽しみながら身に付けばいいな！と、まだまだはじまったばかりの育児ですが、そんな想いですすめています。

モノや情報があふれている今、自分で自分の軸を決められたら、きっと豊かな人生が送れると思うのです。

1

ルールは子どもと一緒につくっていこう

おもちゃの収納場所を決めなくっちゃ、とママ一人でがんばってしまいがちですが、最初から完璧でなくとも、考えていく過程を子どもと一緒に楽しむのも大切なことです。「棚の位置、ここかここ、どっちが使いやすい？」「かごの色は何色にする？」と一緒に決めていくことで、子ども自身が「自分のこと」として捉えるようになります。

2

まずは「おもちゃ収納」「毎日の身支度」を！

食事の準備もお手伝いしてほしいし、トイレ掃除も子どもができたら嬉しい。そう思う親ごころですが、まずは、子どもたちに一番身近な「おもちゃの収納スペース」「毎日の身支度」の2つの仕組みを整え、自分でできるように。それが基本となれば、ほかの家事も自然とできるようになるはずです。

3

いつでもスタートできます

「子どもは小学生、もう遅いかな？」

「まだ1歳だし、早いかな？」

いえ、そう思った「いま」がはじめどきです。おもちゃ箱ひとつから、「これからも残したいもの」をお子様と一緒に選んでみませんか？

はじめに

「家族のシアワセは暮らしの基本となる『家』から」をコンセプトに、できるだけ少ない手間で家族みんなが使いやすい家をつくり、心地よく暮らすこと、そんなシンプルライフを目指しています。

　わが家は、夫婦共働き、そして5歳になる男女の双子との4人暮らしです。

　私の仕事は、整理収納アドバイザーとして、セミナー開催や書籍やコラムの執筆、また、前職の商品企画の経験を活かし、企業の商品開発にも携《たずさ》わっています。

「整理収納アドバイザー」というと、きっちりした暮らしをし、朝は早めに起きて、家事や仕事をし家族を送り出すのでしょう、と言っていただくこともあるのですが、お恥ずかしい話、私は毎晩子どもたちと21時すぎに一緒に寝てしまい、そのまま朝まで起きられないことがほとんど……。

　そんなだめな自分にへこむこともありましたが、半ば諦めて受け入れ（笑）、一緒に寝てしまっても家事が回る仕組みをつくろう！　と心がけています。

　双子がもっと小さいころは、育児も仕事も家事も目の回るような忙しさで、とにかく「私」が使いやすい仕組みをつくっていました。

　例えば、保育園の準備は、私が手の届くところに置き、洗濯後すぐに明日の準備が完了するようにし、毎日使う食器は私が立ったまま手を伸ばして届くところへ。

　家の仕組みを整え、家事の時短の工夫をして「とにかく、家事をラクして、双子育児をがんばらなくっちゃ！」と張り切っていました。

　そんなある日、子どもたちが3歳になる少し前に、保育園でパジャマをたたむふたりの様子を見て、「はっ」としました。

　そうか、子どもたちってこんなこともできるんだ、もっと子どもの力を信じて、子どもに任《まか》せてみよう！　そう思ったのです。「私」がラクする仕組みのままでは、いけないんだな、と。

最初はきっと時間もかかるけれど、もしかしたら、そのもっともっと先には、子どもたちが自分で考え工夫し、自分でできる、そんな日がくる！　保育園でパジャマをたたむふたりを見てそう感じたのです。

そこからは、「子どもたちが自分でできる仕組み」を、子どもと一緒につくりだしました。

これどこに置いてみる？　こっちかな？　あっちかな？

5歳になった今では、毎日の保育園の準備は自分でし、自分なりの工夫でおもちゃのジャンル分けをしたり、いろいろとできることも増えてきました。

自分で考える、そして自分で行動できるようになってきたことは、本当に嬉しく感じます。仕組みさえあれば、子どもたちは自分でできることが増え、自信がつき、気がついてみれば、私は毎日の家事が本当にラクになっています。

今回、3冊目となる本著では、「子どものおかたづけ」について掘り下げて、書かせていただくことになりました。おもちゃのおかたづけのスペースも、子どもが自分で身支度できる仕組みも、最初から完璧じゃなくてもいい、子どもと一緒につくっていけばいいと思うのです。

「あ〜!!　子どもたち、また散らかしてるっ」

子どもたちに怒ってしまうその前に、本のページをぱらぱらとめくっていただいて、今日はこれを子どもと一緒にやってみようかな、と少しでも思っていただけたなら、こんなにうれしいことはありません。

もくじ

chapter 3 悩みはみんな一緒だね！ みんなの質問Q&A

chapter 4 もっと！ 子どもと「おかたづけ」を楽しむ アイデア15

OURHOME

わが家の間取り図

3LDK80㎡に夫と5歳の双子の4人暮らし。
リビングからつづく5畳を子どもスペースとし、
扉を開けたままひとつづきとして使っています。
（黄色く塗られたところが「子どもたちが自分でできる仕組み」の部分です）

Chapter 1

子どもが自分でできるよ！
わが家のいちにち

いってきます！

平日、毎朝6:30に起きてから、21:00に子どもが眠るまで。
夫婦共働き、保育園に通う５歳の双子がいる、わが家のいちにちです。
すべての家事がきっちり分担制！ 子どものやることが決まっています！
というわけではなく、家族が自然に「やっていた」「いつの間にかできていた」
そんなシステムをつくりたいなと思っています。
毎日100％！ ではないし、子どもの気持ちにも家族の気持ちにもムラがあり、
できない日もあって当然だけれど、バタバタした暮らしの中で、
家族４人、こんなふうに楽しみながら過ごしています。

6:40

おはよう！
子ども別のかごがあるから
洗濯ものもたためちゃう
@リビング

自分の洗濯ものをたたんで

1日分の洗濯ものはこれだけ!

洗面所にある〈身支度ロッカー〉にしまいます

ママ	乾いた洗濯ものを各自のかごに仕分け
パパ	朝ごはんのしたく

「おはよう!」。朝起きてふたりがいちばん最初にするのは着替えです。平日は、洗面所にある〈身支度ロッカー〉(→P68)から子どもたちがその日の気分で着たい服を選びます。時にはその組み合わせはちょっと……という日もあるのですが(笑)。

暑かったり寒かったり、気温やお天気のことも、親が先回りせずに、自分で考えて服を選んでくれたらなと思っています。

着替えが終わると、私が子ども別に分けておいた洗濯ものの入った小さなかごをひっくり返し、自分で自分の洗濯ものをたたみます。

3歳になるころからはじめた洗濯たたみ。最初は「タオル1枚から」「やる気のある日だけ」のスタートでしたが、5歳になったいまでは、日課となりました。

とはいえ時には「いや〜」という日ももちろんあります。そんな日は、「じゃあ、おかあさん今日はパンツたたむの手伝ってあげる!」と、子どもにお手伝いをしてもらうのではなく、「お手伝いをしてあげるのは母」、というスタンスのわが家です。

7:00

いただきま〜す！
子どもでも手にとれる高さに
子どもの食べるものを
@キッチン

冷蔵庫の
切替室は
子ども専用に！

食べ終わったら子どもが自分でお皿をさげます。
子どもが扱いやすい食器を選んでいます

朝ごはん用のパンは子どもが取れる高さにかごを置いて。
定位置を決めておくと子どもも取りに行きやすい

バタバタしている朝ですが、朝はそれぞれ好きなものを食べる、というのがいつからか決まったわが家のルール。ある日の息子は、卵かけごはん、娘はパンにハムにチーズ。昼の給食、夜はしっかり決まったものを食べるのだから、朝は好きな物を食べて元気だしていこう！

　子どもたちはヤクルトが大好き。子どもたちの手が届く、冷蔵庫の切り替え室を「子ども専用」にすることで「おかあさん、ヤクルトとって〜」から解放されました。

　切り替え室には、ヤクルトとチーズが入っていて、自分たちで準備をします。

　小さなことでも子どもが自分でできることがあると、忙しい朝がずいぶんと楽になるし、子どもたちも「ぼくたちのれいぞうこ！」と嬉しそう。

　ごはん中はテレビを消して……と言いたいところですが、朝はテレビはつけっぱなし。ただし情報番組と決まっていて、お天気やニュースをみながらみんなで食事をいただきます。

　食事が終わったら、食器をさげて。朝は食器は洗わずシンクにつけるだけ。

リュックの
置き場は
いつもココ！

7:50

いってきます！
リュックの置き場を決めておけば、
自分で取り出してGO！
@洗面所

時々、ひらがなのプリントを。
化粧や髪のセットの合い間に、丸付けも、必死です（笑）

ベランダの水やりも子どもたちが担当

プリントはその日の気分で
自分で選びます

夫と私が準備をしている間、子どもたちは自由時間。実は朝に余裕があるのは子どもたちの方……。最近飼い始めたメダカの、カモンちゃんとレモンちゃんのエサやり、お花の水やり。

時々、ひらがなや数字のプリントをする日もあります。**プリントは、〈子どもスペース〉（→P55）の手に取れる位置に。**やる気のあるときにサッと子どもが自分で取り出せる仕組みをつくっています。

さあ、夫と私の準備ができたら、くつ下をはいて**〈身支度ロッカー〉からリュックを取り出し、**「いってきまーす」。「きょうも一日仲良くね」はい！「先生のいうことをよく聞いてね」はい！ パパ考案のおまじない。みんな、それぞれの場所で、今日も一日がんばろう！

ママ
炊飯器とお風呂を
18時にタイマーセット
かるくそうじも

パパ
着替えと準備

18:20

ただいま！

玄関にくつ型シートを置いてみただけ。
ほら、子どもがくつをおきました

@玄関

「人別収納」のくつ箱。
向かって左が私、真ん中が子どもたち、右が夫

アウター入れは玄関の下駄箱の下に、子ども別に

クリアファイルにくつ型の絵をかいた紙を入れています

よいしょっと

ママ

玄関にて郵便物仕分け

よっぽどのことがないかぎり、リュックは自分で持たせます。自分のものは自分で、が基本のルール。

さあ、玄関をあけたら、くつをシートに置いて、帽子、アウターは玄関のかごにほうりこみ。ハンガーに引っ掛ける収納は、子どもにはまだ早いようです。大人である私も、毎回きちんとハンガー掛けはおっくうなもの。定位置さえ決まっていればゆるーくほうりこんでもそれなりにスッキリ。子どももこれなら入れやすい！　を採用しています。

わが家は、くつの数は少なく、子どもたちのものは、真ん中の棚におさまるだけ。ここにしか入っていないので、子どもたちは他の扉をバタバタあけることもなく自分で自分のくつを選びます。

それにしても子どものくつってどうしてあんなに砂まみれなのでしょうか？　たまった砂は、玄関の下駄箱内に設置したゴミ箱に、ざーっと捨てるようにしています。

ひっかけず
ほうりこむだけ

18:30

リュックはロッカーに
ほうりこむだけ。
さあ、そのままお風呂だ！
@洗面所

洗濯かごを低い位置に置くことで
子どもが自分でほうりこみやすくなります

柄付きのブラシなら子どもも掃除がしやすいようです。
子どもの手の届く位置に

「お風呂大好き！」な子どもならよいのですが、なかなかそうではないわが家……。今はあえて帰宅後すぐ入るようにしています。玄関から廊下を通り、そのままリビングに行ってしまうと遊びが始まってしまいます。なので、洗面所の〈身支度ロッカー〉にリュックをほうりこんだら、そのまますぐ、お風呂！　脱いだものは、低い位置にある洗濯かごに自分で入れるようにしています。

　すぐにお風呂に入るために、朝出かけるときには、タイマーで18時にお風呂ができあがるようにセット。時々忘れて出てしまうこともあるので、そんなときは「も～」と言いながら、子どもがお風呂を洗ってくれることも。細かい汚れには目をつむって、洗ってくれたことを褒める、のスタンスです。

　お風呂からあがったあとも、私は子どものパジャマやタオルを準備したりはしません。子どもが手に取れる位置、また、扉をあけることも引き出しをあけることもせずに届く場所に置いてあるので、サッと自分で出せるようになりました。

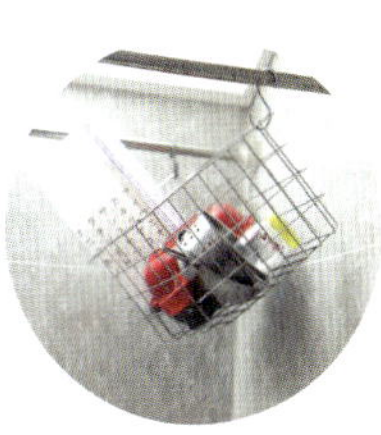

お風呂のおもちゃは
水切りかごに入れて吊るして収納

18:50

みんなで夕飯準備
子どもも参加しやすい
ホットプレート調理で
@リビング＆ダイニング

丸めるだけなら
子どもも簡単！

ハンバーグ丸めたよ！

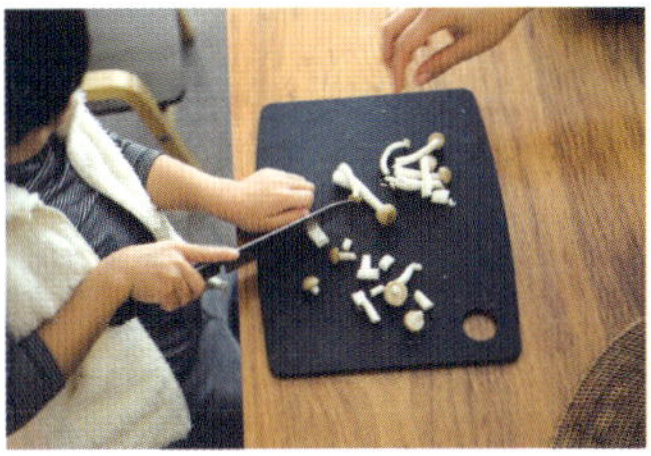

子ども用の包丁を４歳の誕生日にプレゼント。それぞれの名前入りです

おなかがぺこぺこの子どもたちを前に、急いで夕飯の準備です。「おかあさん、なんか切りたい〜」「ごはんつくりたい」と子どもたち。うれしいと思える日もあれば、バタバタ気持ちの余裕がないと、今日は勘弁して〜と思う日があるのも正直なところ。でも、子どもたちのやる気がある日には、少しのことだけでも一緒にやるようにしています。

狭いキッチンに3人が立つのは難しく、いつからか、ホットプレート料理が多くなりました。ダイニングテーブルの上で、きのこを包丁で切ったり、ハンバーグを丸めたり。この際、形や見栄えは気にしない（笑）。みんなで美味しく食べられたらそれでいっか。

きっと、もう少し大きくなったら、習い事や塾や部活で忙しくなり、「お手伝いしたい〜」の声が聞こえなくなる日もやってくるはず。

私自身、思春期にお手伝いなんてこれっぽっちもしていなかったような……。だから今を大切に、と自分自身に言い聞かせています。

休日の朝ごはんもホットプレートで。なんだか楽しいね！

子どもも
よそえる
高さ

19:10

いただきます！
ごはんをよそうのも自分でやるよ
「ごはんできたよワゴン」大活躍！
@リビング＆ダイニング

＼通称！／

「ごはんできたよワゴン」

カトラリーケース
ごとテーブルへ

カトラリー、プラスチックコップもここに収納。子どもの手の届きやすい高さにあるので自分で準備

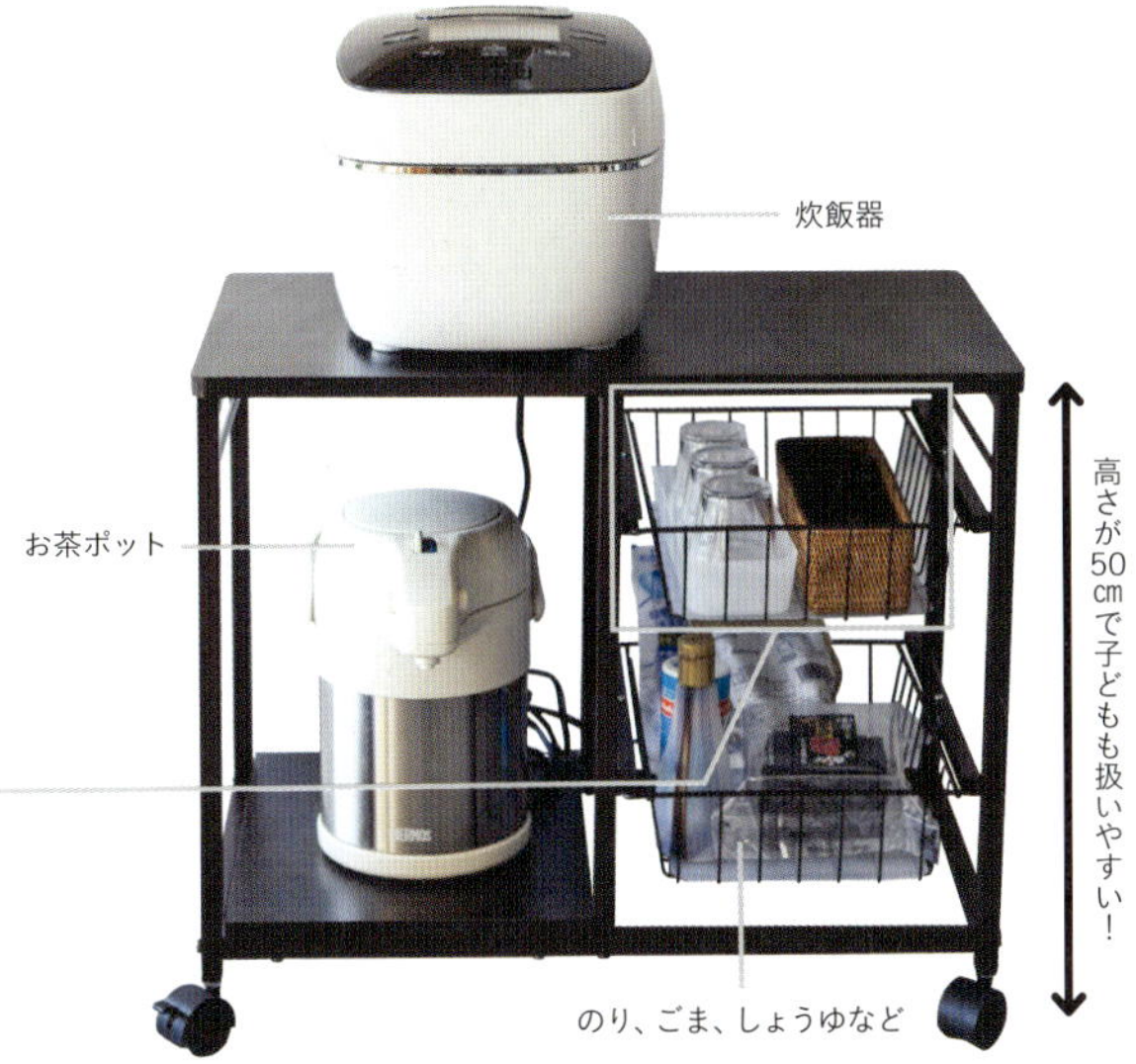

炊飯器
お茶ポット
高さが50㎝で子どもも扱いやすい！
のり、ごま、しょうゆなど

「カウンター下に収納できる家電収納ワゴン」（ダークブラウン）
幅60×奥行35×高さ50㎝／ベルメゾン／販売終了品

すぐそこ！

ダイニングテーブルの横に設置。
すぐ近くがポイント

ごはんの準備ができたら、通称「ごはんできたよワゴン」を、ガラガラーとダイニングテーブルの横に持ってきます。「ごはんできたよワゴン」とは、その名の通り、ごはんができたら準備するワゴン。最近、ごはんをおかわりするようになったふたり。何度も「おかわり！」「おかわり！」と、私がその都度キッチンに戻りごはんをよそうのが大変になり……。自分が食べたい分だけ、自分でよそうスタイルにすることにしました。そうしたら、自分で決めた量なので、残すことがなくなりました。

「今日な～、ちょっと悲しいことあってん」。いつからか心のもやっとしたことをごはんの時間に言うようになりました。

　昼間、保育園に通っているわが家は、夕飯は貴重なコミュニケーションの時間。できるだけキッチンに何度も行かずに、ごはんを一緒に食べられるスタイルにしたいという思いもあります。

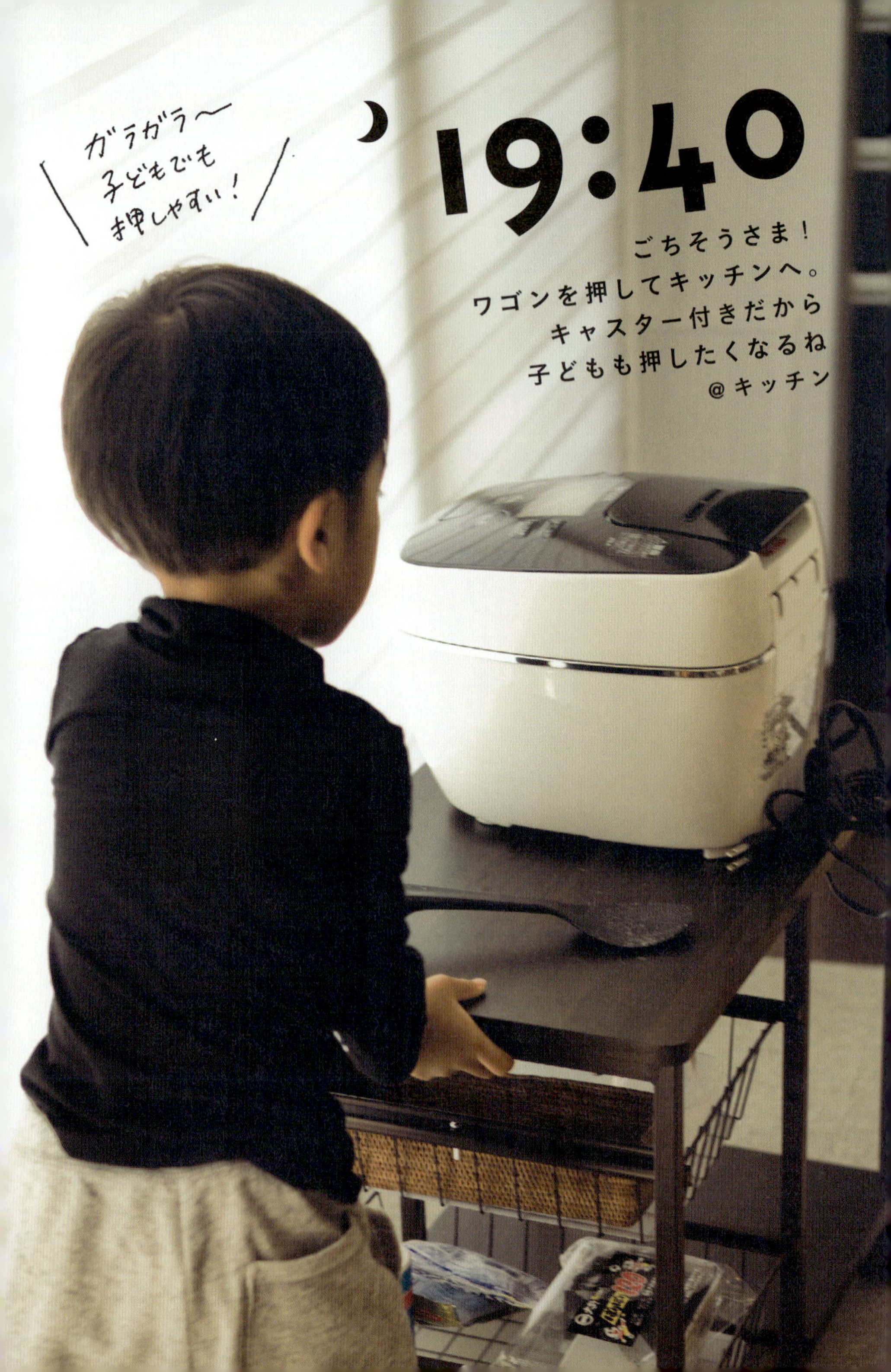

ガラガラ〜
子どもでも
押しやすい！

19:40

ごちそうさま！
ワゴンを押してキッチンへ。
キャスター付きだから
子どもも押したくなるね
@キッチン

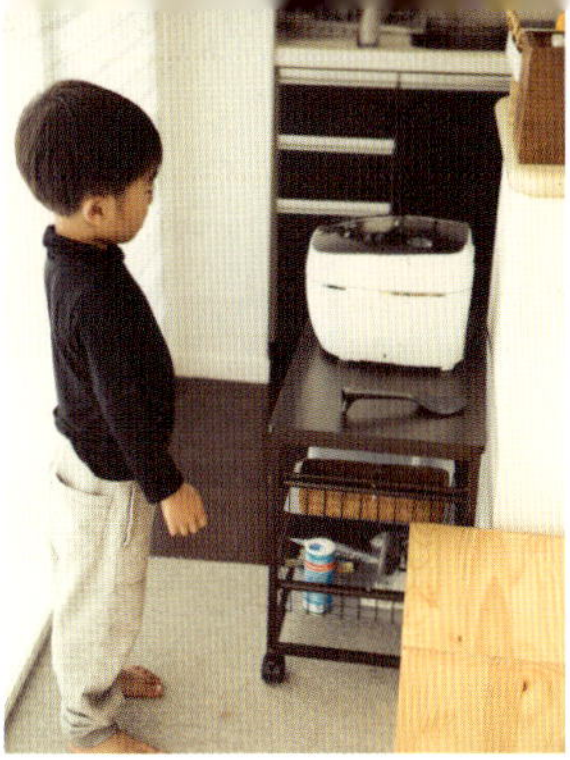

戻しました！

キッチンカウンターの横が定位置

ゴシゴシ。テーブルふきは子どもの担当です

「クロワッサンの店」の二重メッシュあみたわし。
やわらかく、子どもの手でも洗いやすいので重宝しています
￥378／クロワッサンの店

ごはんを食べおわると自分のお皿は自分で下げるようにしています。それがおわると大好きなヤクルトを1本飲めるので、頑張っているようです。時々、「ぼくもお皿洗いたい！」と言ったら、その日は食洗機を使うのはやめて、一緒に洗うことも。

ある日、自分がシンクに入れた、保育園のお箸箱を洗おうとした息子。泡がついた手で箸箱をあけ、お箸を出すのに苦労しています。「これ、洗いにくいなあ」と気づいた息子。それ以来、箸箱と箸を分けてシンクに入れるように。自分でやってはじめて不便に気づき、工夫するのですね。子どもから教えてもらった出来事でした。

娘は5歳現在、お人形さんのお世話に忙しく……。食器洗いには興味がないようです(笑)。まあいつか興味が出た時に、とゆるく考えて。子ども自身が、興味を持ったときにやれる環境さえあれば、そのスタートはいつでもよい、と思うのです。

20:00

さあ、あしたの準備。
それぞれの〈身支度ロッカー〉で
必要なものがすぐわかるね
@洗面所

これが〈身支度ロッカー〉。あすの用意はすべてそろいます

保育園で明日使うお箸とコップを準備中

子どもたちが2歳ごろまでは、保育園の準備は前日夜に私が2人分まとめてやっていました。いかに早く準備するか、に一生懸命だった私。でも、保育園ではタオルやパジヤマをたためている様子を見るにつけ、家でもやってみたらできるのかも！　と、まずは保育園の汚れものを洗濯かごに入れるところからスタートしました。

3歳からは、自分でできるように保育園と同じようなロッカーをつくり、システムを整えていきました。自分で管理できるだけの量を持たせ、一目で見渡せるように。今では明日の準備は一人でできています。もちろん気持ちにムラはあるけれど、そんな時は次の日の朝に準備してもOK。

最初は夜のうちに準備をしない娘に「早くやった方が楽よ～」と思った私ですが、ゴールが同じならば、いつやるか、のタイミングは子どもにまかせてみよう！　と。私だってすぐにやってと言われてもできない仕事、ありますもの……。

借りた本はリュックの下に置いておくことに。こうすると返し忘れがなくなります

夏のプールバッグはお風呂の扉にフックをかけて

20:10

さあ、遊ぼう！
たった30分でも、
思いっきり遊ぶ時間をつくろう
@リビング

カードゲームなら
みんなで遊べる！

リビングの一角を
子どもスペースに

カード類はばらけやすいので、
元の箱から出してジプロックに入れています。
これなら子どもも取り出しやすくしまいやすい

わが家では子ども相手でも手加減なし！

働いていると平日子どもとゆっくり遊ぶ時間がなかなかとれないものです。

「おかあさん、いっしょにあそぼ」と言われたとき、家事をしながらの、〝ながら遊び〟が続くと、子どもたちのぐずりがひどかった時期がありました。

反省し、そこからは「1日30分は真剣に遊ぶ！」と決めました。すると、たった30分だけれど、1時間〝ながら遊び〟をするよりも、私も子どももなんだか気持ちがいい感じ。ぐずりも少なくなり（時々まだあるけれど！）、寝る前の準備もスムーズにいくのですよね。

昔はままごとや、つみき遊び、今では、UNOやトランプなどのゲームが中心です。

いつまでこうして遊んでいられるかな。この30分を懐かしい、と思う日はすぐそこなのかも。大事にしたいと思うこのごろです。

オセロがブーム！

20:40

おかたづけの時間だ！
「1ジャンル1ボックス」収納だから
子どもでも戻しやすい！
@子どもスペース

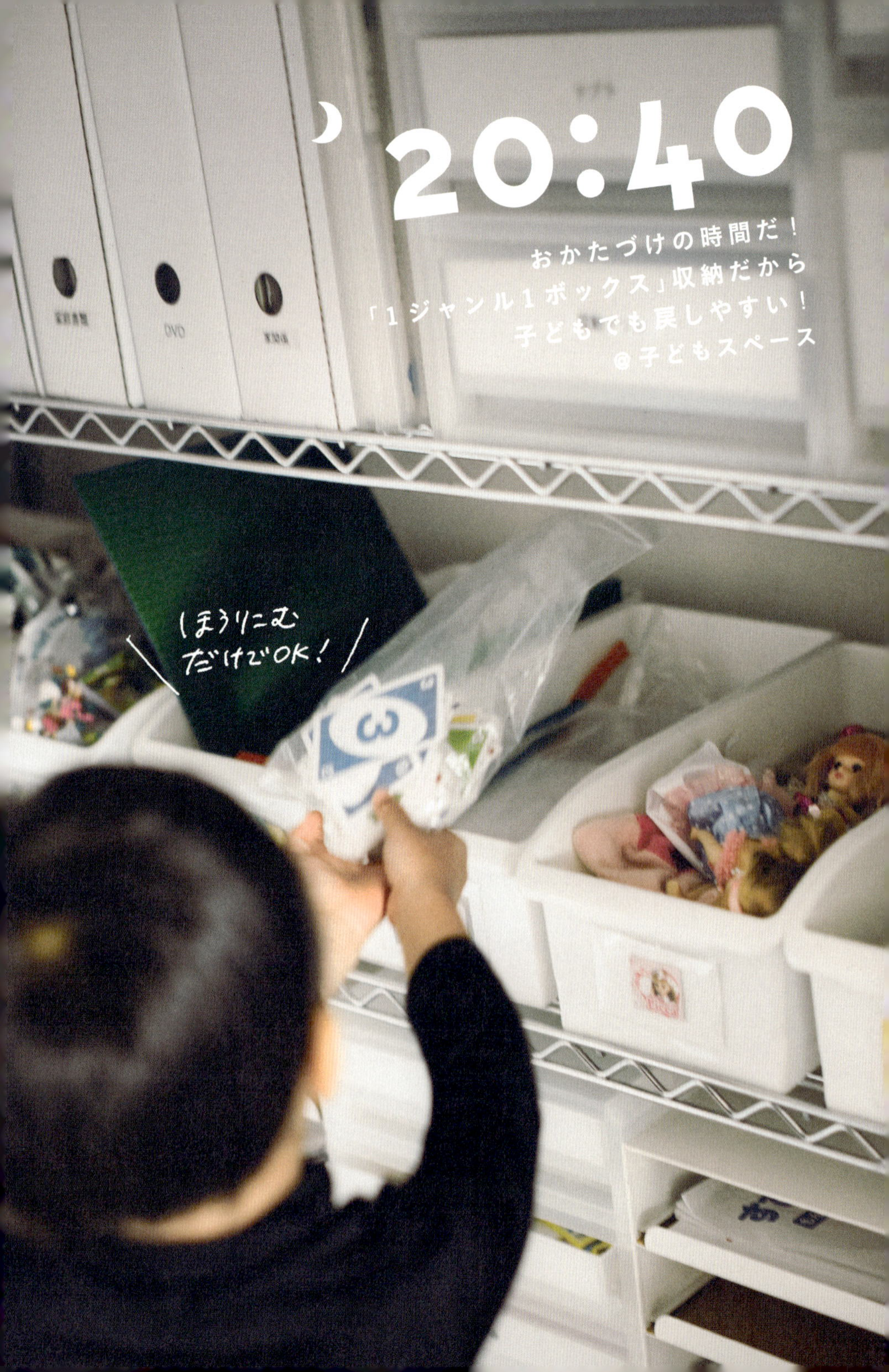

ラックとカーテンを合わせてつくった通称〈情報ステーション〉。
暮らしに必要なものはすべて1ヶ所集中収納にしています

おもちゃは「1ジャンル1ボックス」にして、
ほうりこむだけ

「やったあ、今日のＵＮＯ、ぼく勝った！」ひと通り遊び終えると、もうそろそろ寝る時間が近づいてきました。よーいドン!! で私はテーブルの上の飲みかけのコップや、床に落ちてるものを回収。

子どもたちはおもちゃをざっとかたづける。カードゲームは袋に入れて、おもちゃボックスにほうりこみ。ボールもおえかき道具も、ラベルが貼ってあるところにほうりこみ。

みんな積極的に「きれいにしたい！」「かたづけるの大好き！」では全然ないけれど、合い言葉は、「おとうさんが帰ってきたとき気持ちいいほうがいいよね～」。仕事を終えて帰宅後、散らかっているリビングではくつろげませんもんね。子どもに「かたづけなさい！」ではなく、自分も一緒の時間にかたづけるようにしています。

かたづける、きれいにすることが目的ではなく、「今日元に戻していたら、あした遊びやすいよ」という言葉は、昔から子どもに響いてきたように思います。「今日道具を元に戻していたら、明日仕事がしやすいよ」……と、自分にも言い聞かせながら（笑）。

〈ファミリーライブラリー〉から子どもがえらんだ1冊を

21:00

おやすみなさい

絵本読みは寝る前のお楽しみ。
今日はどれを選ぶのかな。

@寝室

子どもたちが〈ファミリーライブラリー〉から本を１冊ずつ選んで寝室へ

寝る前に、それぞれ好きな絵本を1冊ずつ読むのが習慣です。

息子は虫の図鑑や、動物の生態の本、娘は物語が好き。絵本から、私も知らなかった世界をたくさん教えてもらっています。

さあ、本読みが終わり、電気を消したら、「今日のよかったこと」を順番に言い合います。「今日はみんなで公園に行けて楽しかった」「ごはんがからあげでうれしかった」。もっと小さいころは「おかあさん洗いものじょうずやった」と褒めてもらったり（笑）。

そうそう、私にも順番は回ってきます。「お客さんにありがとうって言われてうれしかった」「ふーん、なんで、ありがとうって言われたん？」と話が広がることも。

この「今日よかったことを話す」というアイデアはお客様に教えていただきました。寝る前は、できるだけ楽しいことを話しながら。今ではすっかり定着。ステキな習慣を教えていただきました。

歯ブラシは鏡にくっつけて
子どもでも取りやすいように

すのこにベッドマットを敷いて４人で寝ています。
読んだ本はベッドヘッドがわりのワイン箱へ

column 1

「快／不快」を知るということ

保育園に通う子どもたちが2歳児クラスだったころ。先生からあるお話を伺いました。

今年の保育のテーマは「快／不快」を知ることです、と。

鼻水が垂れていたらこまめにふく。当たり前だけれど、とても大切なことだとおっしゃいます。

「鼻が垂れて気持ちが悪い↓ティッシュでふいたらスッキリして気持ちがよい」。

これを繰り返すことで「快＝スッキリ気持ちいい／不快＝鼻が垂れて気持ち悪い」を知ることになります。

鼻がずーっと垂れたまま、が当たり前にならないように。気持ち悪い状態も、ずっと毎日そうであれば、それが当然、となるのは怖いことですよね。

これを聞いた時、家の中のかたづけも一緒では？　と思いました。

いつも、ぐちゃぐちゃの部屋が当たり前の風景で、スッキリきれいな状態を知らなかったら、その子にとっては不快と感じることもなく、それが普通になって育っていく……。

子どもは散らかすのは当然のことです。でもそれをそのままにするのではなく、寝る前はかたづける、毎日が無理でも週末はスッキリさせる、などのメリハリが必要なのだと感じました。

子どもたちが自分でかたづけられない小さいころでも、親がスッキリ！を努力している姿を見せることはできますもんね。

Chapter 2

自然にやりたくなる
仕組みを考えました！

わが家の
スペースのつくりかた

おりがみに夢中！

子どもがいつのまにか自分で自分のことができる！
そんな仕組みづくりを意識してきたわが家。
家じゅうがそうなっていたら理想だけれど、
まずは子どもの暮らしのベースとなる、
「子どものおもちゃスペース」「身支度スペース」、
この2カ所からはじめてみませんか？ まだまだ発展途中のわが家ですが、
子どもが生まれてから5歳になるまでの変遷を順を追ってご紹介いたします。
お子様の年齢にあわせて、また、まだ小さなお子様をお持ちの方も、
子どもが大きくなっていくとこんなものが必要になるのか〜と
参考にしていただけると幸いです。

子どもの「自分でやりたい！」を大切にする

スペースづくりのルール

きちんとしまえる、きれいにおさめる、ことを目的とするのではなく、
子どもたちが「自分でやりたい！」気持ちを大切にして、
自分のことが自分でできる環境をつくってあげたいなと思っています。
そのために日頃私が意識しているルールをご紹介します。

基本のルール

公共のスペースを参考にしています！

昔から、病院のカルテが入っている整然とした棚や、学校のラベリングされた引き出しを見るのが大好きでした。はじめてそこを訪れた人でも、どんな役割の人でも、どこに何があるかがひと目でわかるようなシステムが、公共の場所では考えられています。

そして現在、私が一番参考にしているのが、幼稚園や保育園。おうちの中ではおかたづけがちょっと苦手な子も、保育園や幼稚園では、タオルを自分の場所に引っ掛けたり、リュックをしまえたり、当たり前のようにおかたづけができているのです。

先生の目（！）もあるけれど、やっぱり、子どもたちが自分でできるように、とてもよく考えられている教育現場。これを参考にしない手はありません。

わたしは保育園のお迎え時や保育参観の時などに、こっそりと、でもじっくりチェックしています。子どもたちが手の届くところに、そして、誰でも使いやすいように、と先生方が工夫されているのですよね。

これを、家の中に上手に取り入れられたら、性格の違う兄弟でも、取り出しやすく、しまいやすい、自分で自分のことができる環境が生まれるのかもしれません。

ルール

1

子どもが管理できる量のモノを用意する

わが双子が通う保育園では、2歳までは親が管理する引き出しをひとつ与えられていました。

幅が50㎝くらいの引き出しに、予備の着替えやおむつなどをたくさんストック。毎朝、登園時に親が準備し、ストックが少なくなれば補充するというシステム。

その後、3歳児クラスにあがるタイミングで、20㎝ほどのカゴひとつに着替えを入れるようになりました。

これは、子どもたちが自分で管理できるのは小さなかごひとつ、ということなのだそうです。

なるほど！　と思い、そこからわが家でも、同じようなサイズのかごに、平日の洋服を収納することにしたのです。

たくさんの種類の中から、「選ぶ」という行為は、じつは子どもにとっては大変なことです。収納アドバイスにお伺いすると、深めの大きな引き出しに、お子様のお洋服がぎゅーっとたくさん収納されていることがあります。その際は、お子様が管理できるよう今よく着ているものだけに絞り、小さめの引き出しに入れ替えることで、お子様自身が管理できるようになっていきます。

ルール

2

1アクションでできるように

保育園の収納で、扉がついてあるものはほとんどありません。何か取り出すときに、「扉をあける」→「かごを取り出す」というふうに2アクション必要だと、子どもにとっては、おもちゃが見えない、取り出しにくい、ということになるようです。それは、しまいづらいということでもあり、ついついおもちゃを出しっぱなしに……。

　わが家は、子どもスペースには扉のある家具はひとつも置いていません。扉をあけなくても、引き出しを引き出さなくても、おもちゃが手に取れるように、「1アクション」＝ほうりこむだけ、を意識して、収納スペースをつくっています。アクションがいくつもあると、それだけで子どもにはハードルが高く、片づけることが面倒になってきます。できるだけ、少ないアクションで、がポイントです。

　扉つきの家具をすでに購入してしまった、作り付けの家具に扉が付いている、という場合には、子どもが小さいうちは扉を一時的に外して、押し入れやベッド下などに収納してはどうでしょうか。一時だけ、インテリア的な見栄えは少し置いておいて、子どもが自分でやれる仕組みに！

ルール

3

いつでも自由が利く収納に

子どもは日々どんどん成長していきます。

寝転がるだけ、おもちゃは、おおきなぬいぐるみとつみきだけ……だったころから、いつのまにか、いろんなところに手が届くようになり、おもちゃも細かいものへと変遷していきます。

そのたびに、ぬいぐるみ専用のカゴ、赤ちゃん用品の収納棚、ブロック専用の箱、などの、「それしか使えない専用の家具」を購入していては、もったいないですよね。

できるだけ、最初購入した家具を、成長にあわせて長い間使い回すことができたら、無駄がなく、また子どもたちにも工夫する姿を見せることができるのでは、と考えています。

柔軟に利用できるオープンボックスや、仕切りのないかご、のようなシンプルなものが結局一番使えるアイテムだったりします。

連結していない、積み重ねたり横に並べたりできる、と自由が利く収納グッズが、成長する子どもの暮らしにあわせて変化させることができるのです。

＼ さあ！ 実際にやってみよう！ ／

子どもスペース

のつくりかた

リビングの一角を子ども専用のスペースに。
遊びやすく、しまいやすいをモットーに、
大人にとっても居心地のいい空間を
心がけています。

305
5歳のいまは
こんな感じです！

＼こんなふうに使ってきました！／

年齢別！〈子どもスペース〉アイテム紹介

0歳〜

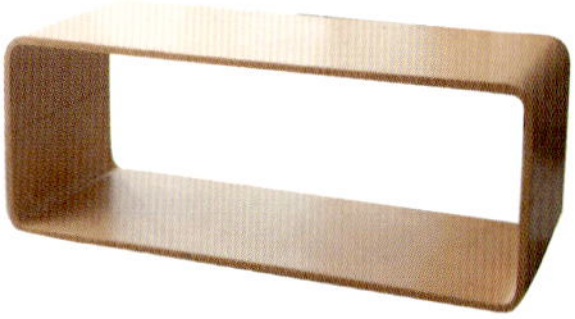

オープンBOX

幅90、奥行35、高さ35cmのオープンBOXが我が家には4つ。ひとつのアイテムを積み重ねたりばらしたり。子どもの成長、興味にあわせて、積み木のように組み替えて使っています。残念ながらいまは販売していない商品ですがP91に代用可能な商品を紹介しています。

カラフルバスケット

当時100円ショップで購入。最初はスタイ＆タオル入れに、5歳の今は子どもの洗濯ものたたみのかごとして使用中。

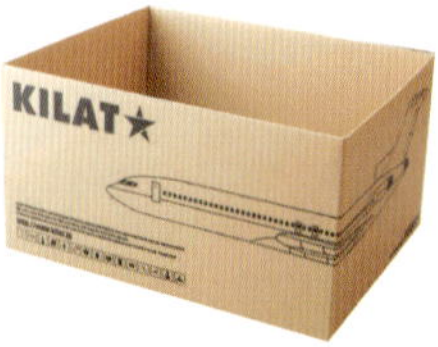

深めの段ボールBOX

通販サイトで買い物をしたら、飛行機の絵の段ボールBOXに入ってきました！大きなおもちゃの収納に。（編集部注：段ボールBOXのみの販売はできません）／大小サイズあり／KILAT★（キラット）

1歳〜

絵本ラック

オープンBOXと同じサイズにセミオーダーしました。

／木のぬくもり舘

子どもイス

スタッキングできます。色はナチュラルも。

¥2,700／KATOJI（カトージ）

引き続き使用中

5歳～

机
天版と脚を組み合わせて手作り（→P56）
天版／110×50㎝

文房具トレイ
ポリプロピレンケース引出式・薄型・縦／¥800／無印良品

紙もの収納棚
KVISSLEレタートレイホワイト／幅32×奥行25×高さ32㎝／¥2,499／イケア・ジャパン

myかご
当時ベルメゾンで購入。
現在は販売終了。

子どもイス
チッコラチェア／¥3,218／KATOJI（カトージ）

引き続き使用中

3歳～

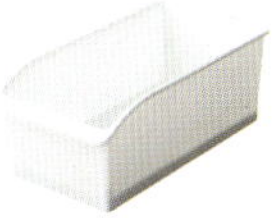

浅いボックス
約幅19×奥行36×高さ13.5㎝
当時100円ショップで購入。
ラベルを貼っておもちゃBOXに。

大きなかご
当時ベルメゾンで購入。
現在は販売終了。

ままごとキッチン
ホームセンターでパーツを探して自分たちで手づくりしました。合計なんと2,000円！

絵本収納ボックス
クラフトボックスを使って、絵本が倒れてこない仕組みを作りました。（→P57）

引き続き使用中

0歳～ ハイハイ時代

きれいな状態を見せることから「おかたづけ育」がスタート！
私がいかに効率よくスッキリさせるかを最優先していました

お祝いの品
子どもの手の届かないところに、出産祝いでいただいたものを飾って

タオル＆スタイ入れ
色と形がかわいい、しかも丈夫な100均のバスケット

オープンBOX
2段重ねで2個並べて

なんでもBOX
「KILAT★」の段ボールにおもちゃをざっくり収納

床
防音対策と危険対策をかねてコルクマットを床に敷きました

ソファの脚をとる
ソファの脚をはずして、おもちゃがソファの下に入らないように

よだれが多く、2人で毎日15枚も取り替えていたスタイとタオル。毎回洗面所の洗濯カゴに持っていくのが面倒になり、子どもスペースに、「一時置き洗濯かご」をつくりました。夜寝る前にまとめてランドリーへ

綿棒、クリームなどのベビーケアグッズは、取っ手つきポーチにひとまとめ。いまでは、このポーチは、わたしのメイクグッズ入れとして利用しています

おむつストック

おむつ替えは
このかごごと移動

オムツ替えのときに必要なグッズをひとまとめにしてカゴに収納。これを持っていけば、移動せずにすべてができるようにしていました。かごは実は私の母愛用のもの。30年前の私のおむつもここに入っていたそうです

オープンBOXにつかまり立ちをする二人

双子たちが生まれた当初、築25年の賃貸マンションに暮らしていました。リビングから続く6畳の部屋を子どもスペースに。新婚当初、ローテーブルとして使っていた木のオープンBOXを組み合わせてスペースをつくりました。

　まだ寝転がるだけだったこのころは、出産祝いでいただいたくつやベビー服を飾ったり、カラフルなものが子どもの成長によいと聞いて、色鮮やかなグッズをそろえたり。はじめての育児が双子。ふたりが同時に泣くと、私も一緒に泣いた日もあったけれど、振り返ってみると……なんだかんだ楽しかったな。

　このころ、子どもたちはもちろん「おかたづけ」なんてできないけれど、私がスッキリ！を維持する姿を見せることが目標でした。

1歳〜 ヨチヨチ歩き時代

歩くようになって行動範囲拡大！ 投げたりほうったりが大好きなこの頃。ポイポイ投げるだけならおかたづけできるね！

飾り物
手の届かないところならOK！
絵本ラック
オープンBOXにあわせてセミオーダー
オープンBOX
3段に積んで収納力アップ
おもちゃ
好きなおもちゃは手の届くところに
KILAT★
とろんこハリー

1歳ころはおもちゃも大きいので、ジャンル分けはまだ不要。とにかくひとつの段ボールにざっとほうりこむだけの収納でOK

ベビーベッドを解体し、テレビガードとして活用することに。子どもたちをベビーサークルに入れるのではなく、危険なものを逆にガードに入れてしまおうと考えてみました

背表紙だけでは子どもたちが自分で本を選べないので、表紙を見せるこのタイプに。これなら取るのも戻すのもラクチン

絵本をびりびりに破いていたこのころ。破れた絵本はまとめてクリアファイルにためておき、時間のあるときに、この絵本はどれ? とクイズにして子どもと修理していました

ヨチヨチと歩き出したふたり。

0歳時には、ただおもちゃを並べていたオープンBOXに、サイズを合わせてセミオーダーした絵本ラックをのせて組み合わせました。

ひとつの家具を子どもの成長に合わせて使い回していく。お金がかからないだけでなく、親が工夫する姿を子どもたちに見せたい、とこのころから思うようになりました。

1歳になると、おもちゃを投げる遊びがはじまります。それを利用して、おもちゃが散乱してきたら、大きめの段ボールボックスに「一緒にポイポイしよう!」とほうりこみ、終われば「気持ちいいね!」を意識して伝えるようにしていました。おむつを自分でゴミ箱にポイっと捨てにいったのを見たら、すかさず褒めたり。

1歳でも楽しみながらできる「おかたづけ」はたくさんあるように思います。

3歳〜 保育園年少さん時代

家から出かけることがふえ、手先も器用になり、遊び方も変化。
小さなおもちゃで〝ごっこ遊び〟をするようになりました

手づくりガーランド

壁に
子どもの家具は低いので
壁にアクセントをつけて。
無印良品の「壁に付けられ
る家具」シリーズ

おもちゃBOX
オープンBOXを2つ重ねて
1ジャンル1ボックス収納で
（→P58）

ままごとキッチン
オープンBOXの上に手づ
くりのままごとキッチン
をのせて

大きなおもちゃの収納
ままごとの道具、プラレー
ルなど、大きいモノはざっ
くりかごに

幅90×奥行35×高さ35㎝

ひとつのオープンBOXで。

重ねたり並べたり
自由自在に
いろいろ使える！

2歳前に、3LDKマンションに引っ越し。リビングからつながる5畳のスペースを子どもスペースとしました。フローリングの床に、今度はタイルカーペットを敷き詰め、オープンBOXを組み合わせて並べることに。

壁際にはカーテンで仕切って、暮らしの書類や道具を収納したため、子どもスペースは実質4畳となりました。

大きなおもちゃを卒業し、ブロックや、つみきもサイズが小さくなっていきます。種類もバラバラなものたちを、「1種類ずつ、1つのボックスに収める」＝「1ジャンル1ボックス収納」にし、それぞれを独立して持ち運べるようにしました。保育園と同じように、写真ラベルを貼って、どこになにがあるのかもひと目見てわかるように。

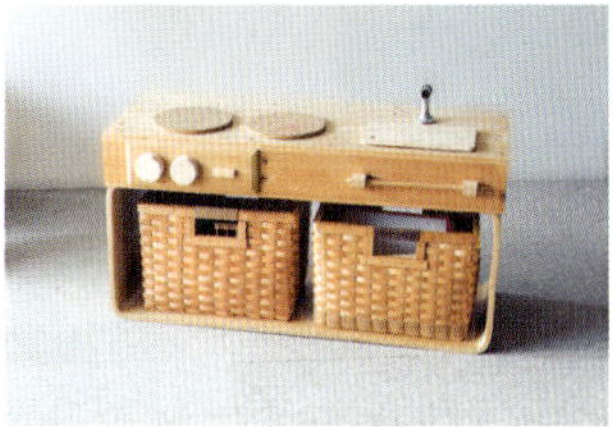

ままごとキッチン

手作りのままごとキッチンを上にのせてキッチンスタイルに。オープン部分にはかごを収納して

お絵かきテーブル

椅子と合わせれば、テーブルとして使えます。3歳ごろまではこのくらいのスペースで十分お絵かきができました

電子ピアノ台

頻繁ではありませんが、時々ピアノをする際の台としても活用

お店やさんのカウンター

オープンなので、カウンターとしても使うことができます。お友達がきたら、レジカウンターとして。買い物ごっこをしたり、ファストフード店になったりします

5歳～ 保育園年中さん時代

折り紙、お絵かき、遊び方はさらに大人っぽく変化。
文房具など細かいモノも増えて。
遊び方の変化に応じてかたづけやすく!

情報ステーション
おもちゃと文房具は子どもの手が届く下半分に集中して収納

myかご
ひとりずつのかごを作って細かいものを収納

ファミリーライブラリー
オープンBOXと絵本ラックを組み合わせて家族全員の図書館を(→P57)

組み合わせ自由な机
天板と脚を組みあわせて手づくりしました(→P56)

プリントは
IKEAの
レタートレイに
お絵かきポスト。
かきおわった
ものはココへ
折り紙
できたよ
ボックス

情報ステーションの下段に子どものものを集中。
左右を人別に分けて

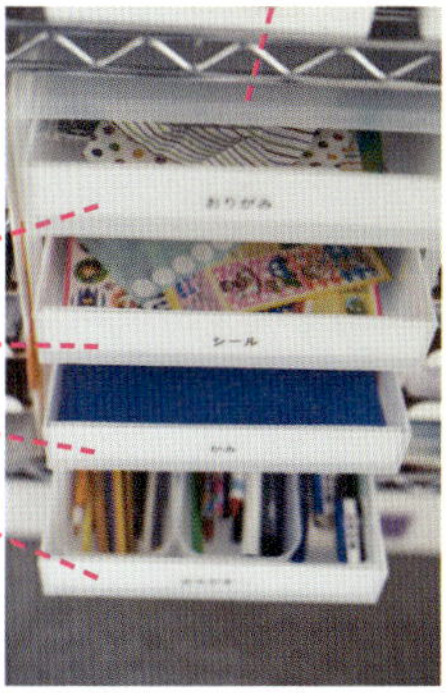
おりがみ
シール
裏紙
文房具
引き出しごと
持ち運べる

文具ケース

これから使う折り紙、シール、裏紙など、細かい紙類や文房具は、同じく1ジャンル1ボックスで引き出しに収納し、すぐ手に取れる棚にすべて収めてあります。子どもたちと相談しながら、どこに置いてあったら取り出しやすいか、位置を決めていくのも大事なことです

息子専用
娘専用
Warm
Thanks

折り紙できたよボックス

できあがった折り紙の置き場所に困っていたのですが、保育園の年長さんが折り紙収納として使っているケースと同じ物を購入し、「おねえさんみたい！」と、使用しています。保育園では折り紙は1日2枚まで。折ったものを開いて何度も使います。家でも同じように、一度折った折り紙を開いて「再生折り紙」として使うことに

my かご

ひとりにひとつ、myかごを使っています。これは、「自分だけのもの！」を入れておく場所。5歳ころになると、自分だけのものを自分で管理したくなる時期がやってきました。誰かと一緒はいや、自分のもの！ へのあこがれがあるようです

子どものつくえ

5歳になる少し前、2人で一緒に使う共有スペースから、子どもたちが個のスペースを欲しがるようになりました。

このタイミングで学習机を買おうかどうしようか、さんざん悩み、やはり、学習机はからだの小さい2人にはまだ早いと判断しました（その様子は「家族会議report」P66へ）。

プレ学習机として、110×50㎝の板と、短い脚4本を組み合わせて手作りデスクの完成。壁付けでも使えるし、向かい合わせで大きなつくえとしても活用できます。ゆくゆくは、脚を長さ70㎝のものにつけかえて学習机として使う予定です。

こんなふうに向い合わせで使う日も

天板　110×50㎝にカット

子どもイス
チッコラチェア／¥3,218／KATOJI（カトージ）

脚　ネットで検索して購入

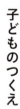

ファミリーライブラリー

4〜5歳ごろからTVでニュースを見ていると、「インドゾウってインドに住んでるの？ じゃあ日本のゾウはニホンゾウ？」なーんて私もわからない質問をたくさんしてくるようになりました。

元々は子どもスペースの奥にあった本類ですが、リビングの中心に移動。そして夫や私の読みたい本も一緒に入れることに。

iPadや新聞も、ファミリーライブラリー＝家族の図書館としてここへ。大人が興味あることを子どもが知る↓会話のきっかけになる、とどこかで聞いたことがあります。

そういえば私も、家にあった母のインテリア本をむさぼるように読み、今、があります。

倒れてくる絵本のために、高さが半分のクラフトボックスを利用して収納。中にいれるジャンルはとくに決めていません

子どもが
自分で
かたづける！

＼子どもが見つけやすく、しまいやすい／

「1ジャンル1ボックス」のおもちゃ収納

オススメ
です！

12個の白いボックスをずらっと並べ、
1種類のおもちゃを1つのボックスに収納しています。

オープンBOX

ラベル
（説明はP60で）

つみきの箱から出してボックスに入れ替え、
残った箱はままごとに使用したりしています

つみきの元の箱に収納したもの。こんなふうに毎回キレイに入れるのは子どもも大人もハードルが高い

「1ジャンル1ボックス」のいいところ!

1 持ち運べる

子どもたちはおもちゃをその場だけで遊ぶ、なんてことはありません。リビングや時には寝室に持ち運んで遊びたい時も。そんなときに、引き出しが本体にくっついているものだと子どもは遊びづらいし、ひとつひとつおもちゃを手にもって移動せねばなりません。これなら、ボックスごと好きな場所に持ち運べます。

2 遊びやすく、かたづけやすい

扉もなければフタもない収納です。何もアクションをおこさずとも、ひと目見るだけでどこに何が入っているのかがわかる。子どもたちが遊びたいおもちゃをすぐに探すことができ、また、おもちゃを元に戻す際にも、ほうりこむだけの1アクションですむのが、良いところです。

3 遊びがもっと広がる

ブロックはブロック専用の緑のボックス、つみきは専用の木の箱に、と収納していたときは、独立してそのおもちゃだけを使って遊んでいたのが、同じボックスに移し替えることで、それぞれのおもちゃが子どもたちにとって、「同じおもちゃ」という認識になりました。ブロックとつみきを組み合わせて家作りをしたり、とどんどん遊びが広がっていきます。

4 ざっくりでOK

もし、何種類ものおもちゃを1つの大きな引き出しに収納していたら、その中で仕切りが必要になってきます。でも、1ジャンル1ボックス収納なら、その1つのボックス内は同じ種類のものしか入っていないので、ざっくりとほうりこむだけでOK。きれいに並べたり仕切ったりする必要がなく、子どもでも簡単に扱えます。

Point
なんでもボックスをつくろう

1ジャンル1ボックスといっても、どうしても1種類に分けられないものが出てきます。例えば、おまけのおもちゃや、石ころ、どんぐり……。そういったものは「なんでもボックス」をつくり、とにかく迷ったらここにいれておこう！ というボックスがあると、気持ちが楽になります。ただし、このボックスはひとつだけ。やみくもにボックスを増やさないのがコツです。

すぐ

子どもがわかる ラベルのつくりかた

ちょっと面倒だけれど、このひと手間をしておくことで、子どもも大人も、
使いやすく元に戻しやすい仕組みができあがります。子どもたちが通う保育園で、
写真をラベルとして使っていることを知ってから、わが家でも導入することに。
ただ、すぐに貼り替えられるようオリジナルのひと工夫を加えています。

用意するもの

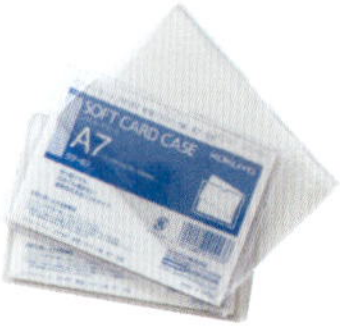

透明のカードケース
コクヨクリアケース カードケース 軟質タイプ 塩化ビニル A7／¥154（編集部調べ）／コクヨ

両面テープ
10mm×20m カッター付き／¥181（編集部調べ）

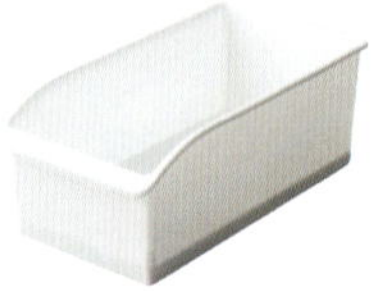

浅めのボックス
100円ショップで購入／約幅19×奥行36×高さ13.5cm（P90で他の参考商品も紹介しています）

1
スマホやカメラでおもちゃを1種類ずつ撮影

\ 4分割 /

/ 2分割 \

2
自宅で印刷してもよいですが、プリンターを使うのが面倒であれば、いまはコンビニプリントがおすすめです。分割して小さく印刷することも可能！

3
カードケースを両面テープでボックスに貼り付ける

4
写真をカードケースに差し込む

完成！

5

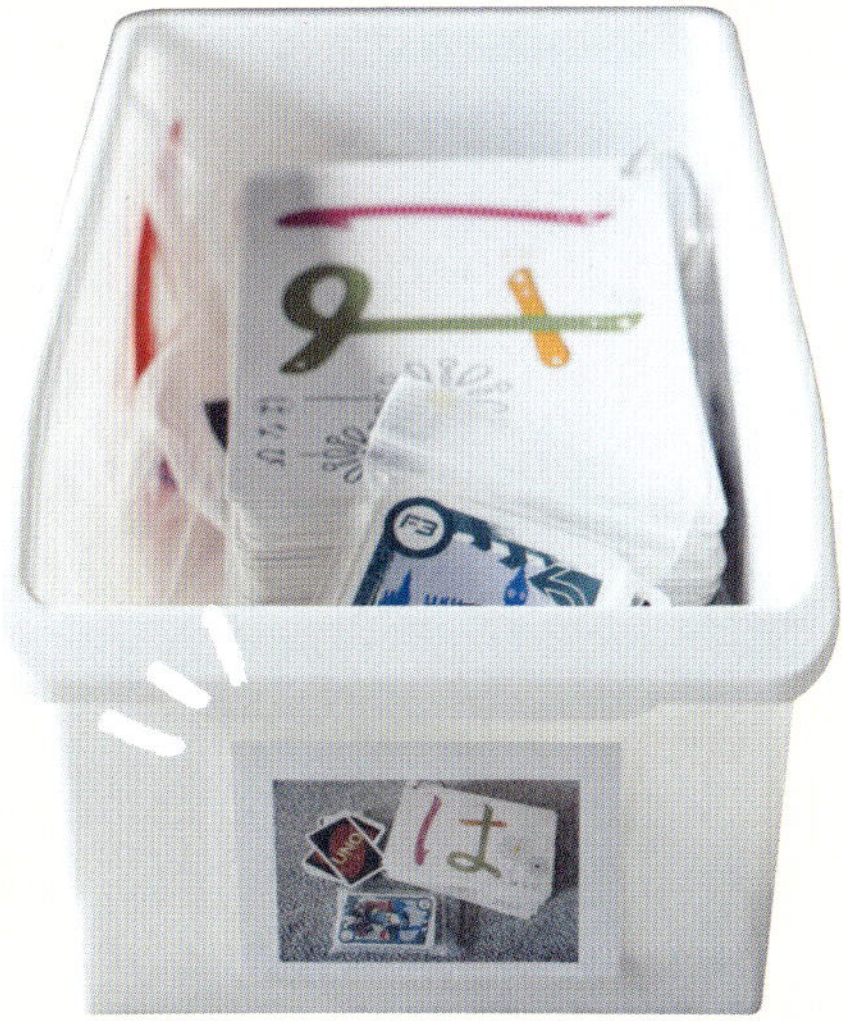

写真撮影や印刷が面倒なら……

チョキチョキ

チョキチョキ

おもちゃ屋さんのチラシを切り抜いたり、おもちゃが入っていた箱をはさみで切り取っていれるのもおすすめ。とにかく、「完璧に形をきれいにそろえよう！」よりも、わかりやすければそれでOK! のゆるいルールのほうが長続きします。

切り取った
写真を差し込んで
完成！

＼実況中継／

おもちゃの整理ってどうやるの？

赤ちゃんの頃は私の判断で、おもちゃの要・不要を決めていましたが、
子どもが3歳ころから一緒に取り組むようになりました。
そして5歳の今、わが家の子どもたちがどのように整理をしているのか？
実況中継します！

おもちゃ箱が
いっぱいに
なったら……

1
まずはすべて出す

1ジャンル1ボックスの箱が、おもちゃであふれかえっています。そのタイミングで、私から声かけすることもあれば、自分で気がついて取り組むことも。まずは、箱に入っているものを全部ひっくり返して出します。

2
いるもの、これから使うものを箱に戻す

子ども自身の判断で、「これから使いたいもの」「自分が残したいもの」を自分で決めていきます。ここで大事なのは「いらないものを選ぶ」のではなく、「これからも持っておきたいもの」を選ぶということ。

ウルトラマンの人形を
みながら、うーんと
考えているようです。

3

残ったものをまとめる

さあ、これから残したいものを選んで箱に戻し、残りはひとつの袋にまとめます。

高かったライダーのベルト……。親としてはちょっと待った〜！ と言いたくなる気持ちをぐっとこらえて、子どもに聞いてみると、「もう、新しいシリーズになったから、これはこうちゃん（いとこ）にあげるねん」

そうか、自分できちんとルールを決めているんだな、そこは気持ちを尊重して見守るように……親も努力しています。

息子が自分で「ゆずる」と決めたものたち

4

・ゆずるもの→ゆずるBOXへ
・リサイクルするもの→リサイクルショップへ

いらなくなったおもちゃや着られなくなった服など、年下のいとこにゆずるものをひとまとめにして箱にいれています。名付けて「ゆずるBOX」。子どもたちと一緒にリサイクルショップに持ち込むことも（P109参照）。捨てるのはもったいないけれど、他の人が使ってくれる、と思うと決心しやすいようです。

5

ボックスを、元の位置に戻す

ここまでで所要時間5分程度。ひとつのボックスなら短い時間ですぐに終わります。あえて、丸一日おもちゃの整理に時間を使わずとも、おもちゃボックスがいっぱいになったらひとつずつ、がポイント。

家族会議 report 1

家族の暮らしの変化に合わせて、
システムをどんどん変えていくわが家。
そこでいつもどんなふうに
家具を買ったり、模様替え（システムづくり）を
しているのかをご紹介します。

脱いだパンツが
床にあるときも！

1

洗面所にて。ある日こんなことが。

イライラの虫が発生……

洗濯かごの中はスカスカなのに、
夫はかごの上にポンとのせるだけ……。
脱いだくつ下やパンツは
床に置いてある時もしばしば……。

私「なんで洗濯ものをちゃんと
かごに入れてくれへんの!?」

せまくて
入れづらい……
とのこと

2

家族に理由を たずねてみました

（子どもにも！）

私「なんで床に置いたままになってしまうん??」

夫「うーん。
洗濯かごの入口が狭くて入りづらいねん。
上にポンって置いた
つもりやねんけど落ちてるねん」

私「そうなん!? 知らんかった……
わざわざ床に置いてるんやと思ってたわ」

そういえば私もかごがひとつでは小さく
感じてきたこのごろ……。見直そう！

3 解決策を家族で考える

「洗濯かご　入れやすい」「分別　洗濯かご」とネット検索してみたり、
同じ家庭環境の友人に聞いてみたり。

そうだ！ 口の広いもので分別できるものにしよう！

4 今家にあるもので「仮置き」してみる →サイズをきちんと測って購入

うちでは購入前に必ず家にあるもので「仮置き」をします。
これをしてみると、イメージがはっきりして、やっぱり購入やめよう、とか、
これでいこう！ と決断ができます。
今回は手持ちのかごを2つ置いて試した後、やはり便利だったので正式に購入決定！

5 家族に伝える!!

設置しました！

私「新しいかごが届いたよー！」

夫＋子ども「これやったら入れやすいわー」

家族が暮らす家だから、ルールはママひとりじゃなく、家族でつくっていこう！ というスタイルです

家族会議 report 2

1

ある日こんなことが。

テーブルでお絵かきをする子どもたち。
と……、ケンカが発生！！

理由をきいてみると、

私「なんでケンカになったん？」

子「お絵かきしてたら、○○がはみだしてきた！」

そうかあ……テーブルが小さいのかも？

子「自分のつくえほしい～」

2

解決策を家族で考える

夫「せっかく買うなら、学習机のサイズにして、
ずっと使えるものがいいんじゃない？」

私「うーん、でもまだ身長100㎝やし、
高さが低いつくえの方がいいかな？」

子「お絵かきがいっぱいできる、ひろいつくえがいい～」

意見を聞いてみたり、「双子　机」「5才　机」とネット検索してみたり……。

3 今家にあるもので「仮置き」してみました！

仮置きAパターン

元からあるオープンBOXをふたつ並べてみました

子どもたちも気に入った様子。でも、奥行きがせまそう……

仮置きBパターン

リビングにある高いつくえを置いてみました

いすをひきだすのが面倒なのか、なかなか座ってくれな

やっぱりコッチ!!
高さは低くて奥行きが
深いものを用意しよう！

仮置きしてみると、良いところ、悪いところ、問題点、いろいろわかります。

4

決定!!

でも、大きくなったら
組みかえられるものにしよう！

設置しました！

5

奥行き深めの板を
購入して、子どもも
手伝ってつくえ2つを
手作りしました。
(→P56)
小学3年生ごろになったら、
脚をつけかえる予定です！

＼さあ！　実際にやってみよう！／

〈身支度ロッカー〉のつくりかた

洗面所の収納棚の一部を子どもの身支度用スペースに。
〈身支度ロッカー〉と名付けています

5歳のいまは
こんなかんじです！

アウターと帽子を玄関のかごにほうりこみ

ロッカーにリュックをほうりこむだけ

リュックを置いたら、後ろの洗面所で手洗い

＼ただいま／からの子どもの動線

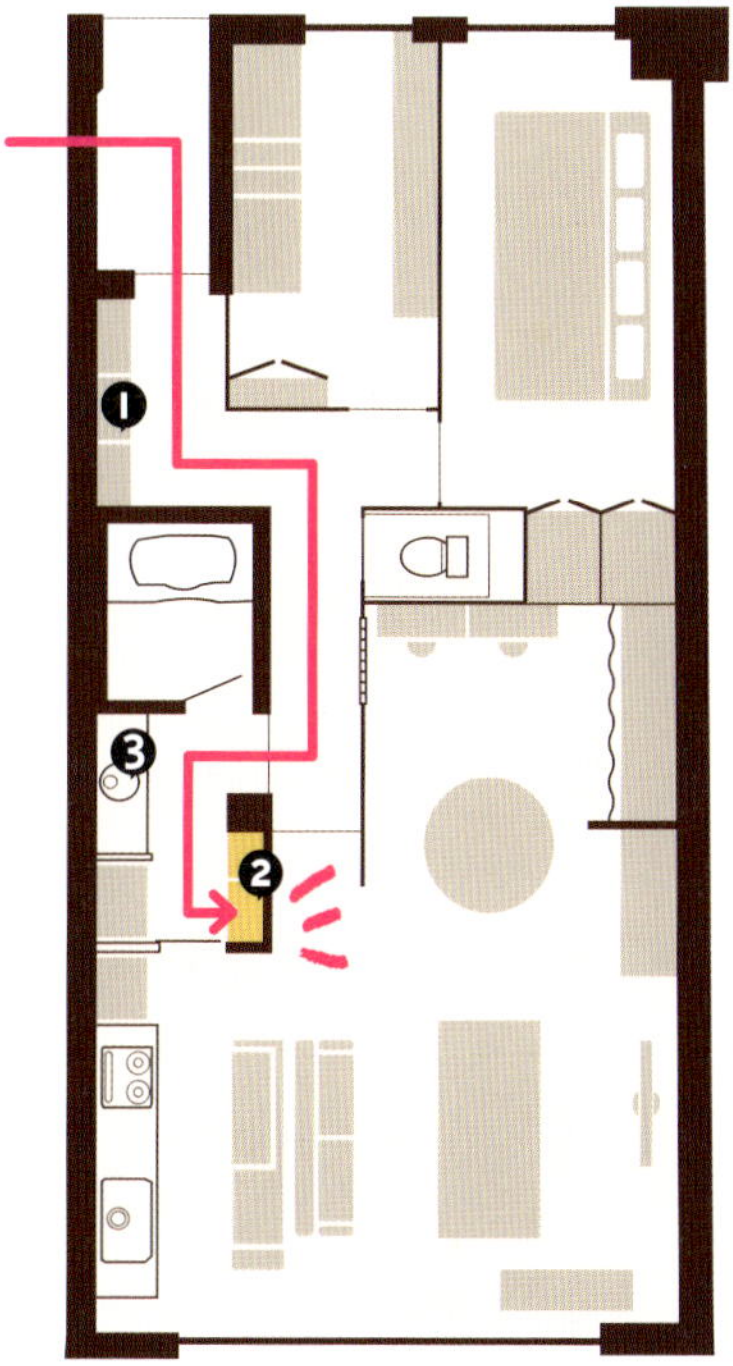

洗面所にあるのは「身支度ロッカー」。ここは、保育園に通う子どもたちの平日の身支度グッズがひとまとめになっています。平日の洋服も下着もリュックもすべてここへ。

「ただいま〜！」

子どもたちは保育園から帰宅後、まずアウターや帽子を玄関のかごにほうりこみ、そのままリビングを通らずに「身支度ロッカー」のある洗面所へ。

リュックを棚にほうりこむだけの収納で、子どももストレスなく続けられています。

帰宅後リビングを通るとどうしても遊びが始まります。その前に！と動線を考えて収納スペースをつくりました。

〈身支度ロッカー〉
アイテム選びのルール

1

使いまわしがきくものを

将来的にほかの場所に移動して使うことを考えて選びます。いま、ここでしか使えないものは基本的に選びません。

2

積み重ねられるものを

ボックスやケース、引き出しなどは1個ずつに分かれて積み重ねられるモノを選びます。連結されたものは使いまわしが難しいです。

3

高さの調節ができるものを

高さが調節できると、子どもの成長に合わせて変えていくことができます。

＼こんなふうに使ってきました！／

年齢別！〈身支度ロッカー〉アイテム紹介

3歳～

積み重ねられるケース（2個型）

下着、くつ下などラベルを貼って。

ポリプロピレンケース・引出式・深型2個（仕切付）／幅26×奥行37×高さ17.5㎝／￥1,500／無印良品

トレイ

コップ、お箸とスプーン入れに。
ポリプロピレン整理ボックス2／幅8.5×奥行25.5×高さ5㎝／￥160／無印良品

1歳～

積み重ねられるケース

1ジャンル1ボックスで。

ポリプロピレンケース・引出式・深型／幅26×奥行37×高さ17.5㎝／￥1,000／無印良品

かご（内布付き）

当時ベルメゾンで購入。

現在は販売終了。

つっぱり棒

50～75㎝用のもの

0歳～

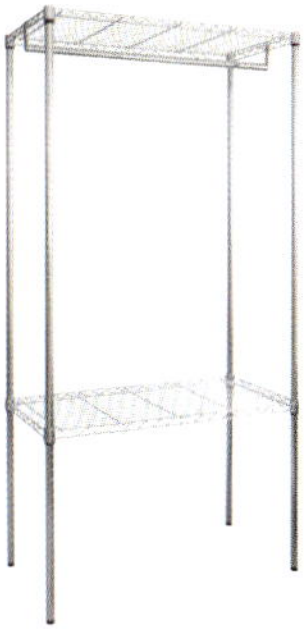

スチールラック

チェストは買わず、成長に応じて高さが調節できるラックを選びました。

メタルシェルフワードローブ／幅91×奥行46×高さ183㎝／オープン価格／アイリスオーヤマ

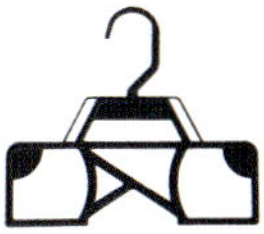

子どもの服用ハンガー

クリーニング店でもらった夫のワイシャツハンガーが子ども服用にぴったりなので愛用していました。

0歳～ママ準備（赤ちゃん）時代

ママ準備時代。この頃は私の効率を最優先に。
ストレスなくとれる高さに子ども服を集中させて

スチールラック
チェストは買わずに子どもの成長にあわせて高さが調節できるスチールラックを選びました

ハンガーバー
洗濯物をたたむのが面倒で、ハンガーで干して乾いたらそのままここへ！

フック
フックで側面も有効利用して

マザーズバッグ
ここを定位置にしていました

1ジャンル1ボックス
「くつ下」「下着」「ズボン」とテプラを貼って、引き出しの中はポイポイ収納でOK

プラダン
「プラスチック段ボール」のこと。引き出しの前面に置くとスッキリ見えます

「ふすまちょっとあける」

着替えや洗濯のたびに毎回ふすまをすべてあけるのが面倒になってきて、使用頻度の高いものは、一番右側に収納しました。これなら、ふすまをちょっとあけるだけで、よく使うものがすぐ取り出せ、しまえます

Open!

子どもスペースのそば

ふすまをあけてすぐに服が取れるように

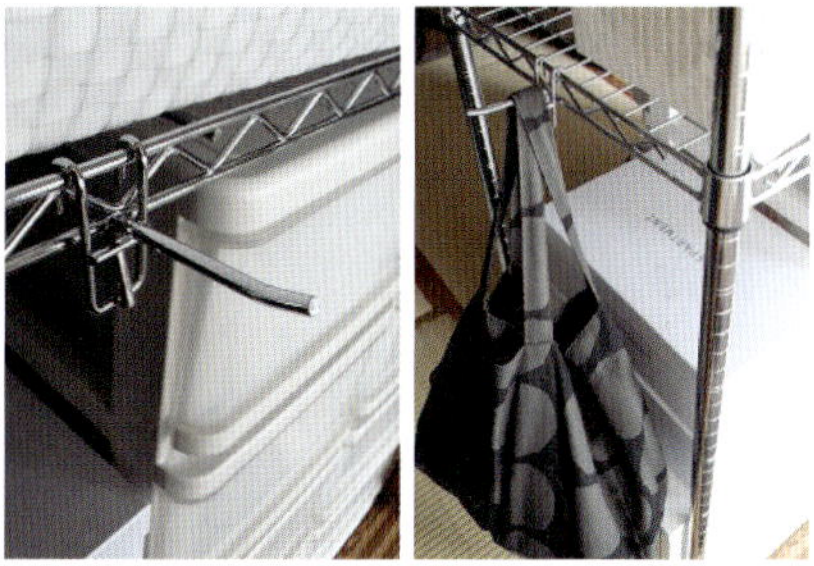

専用フック

フックはスチールラック専用のものが、S字とはくらべものにならないくらい便利です！

子どもたちが生まれて、はじめてのベビー服。ちいさくてかわいい！　と喜んだのもつかの間、毎日、着替えがたくさん必要……洗濯も夫婦ふたりのころは週2回程度だったものが、毎日に。

そこで、とにかく子どもたちに目の届くところで、さっと手に届く収納場所……ということで、子どもスペースすぐそばの和室に収納。

スチールラックを買い、今後も組み替えて使えるものを選びました。洗濯後ハンガー干しをし、乾けばそのまま収納。一度床に洗濯ものを置いてしまうと、子どもたちがぐちゃぐちゃにするため、たたまずそのままハンガーひっかけ収納を選びました。

歳〜ママ準備（保育園スタート）時代

引っ越しをして、洗面所に〈身支度〉を集中！
私も職場復帰し、子どもたちの保育園の準備を
ここでまとめてできるよう集中させました

夫のパジャマ
一度着たパジャマはここへ

私のパジャマ
たたまずほうりこむだけの
ストレスフリー収納

家族のタオルすべて
バスタオルは持たずフェイスタオルを10枚用意して
顔も身体もこれでふきます

つっぱり棒

平日の子ども服

人別1ジャンル1ボックス収納
くつ下、下着などを
人別にたたまないで
ほうりこみ

洗濯かご

洗濯ネット
ここにポイポイ収納

引っ越し当初はこんなふうに8枚扉がついていましたが思い切って処分。アクションをひとつ減らし、子どもたちにもわかりやすく

保育園の基本セットは
引き出しにしまわずに
洗濯機の上の保育園バッグに
そのまま入れていました

疲れ切って明日の支度ができない〜というときに備えて、2日分の保育園バッグを用意して交互に持っていきました。これで気分的にずいぶんラクになりました

＼ポイポイ収納／

乾燥機をフル活用！

こんなふうに、洗濯機と引き出しは向い合せになっています。乾燥後洗濯機の扉をあけて、同時に引き出しもOPENにして、ポイポイとどんどんほうりこむだけ。毎日の生活をなんとか回していくためにこの方法にたどりつきました。これも1ジャンル1ボックスのおかげ！

玄関のアウター・帽子入れはこの頃からはじめました。1〜2歳でもポイポイするだけなので簡単にできます

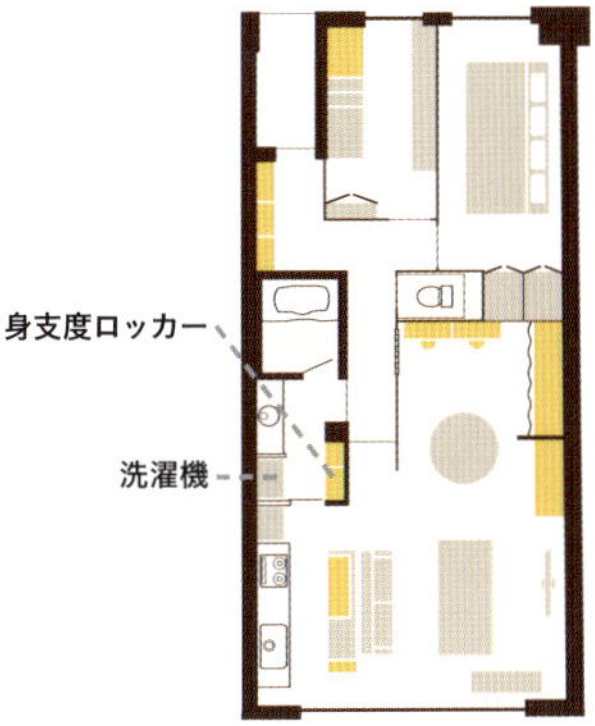
身支度ロッカー
洗濯機

新居に引っ越したタイミングで、保育園通園が始まりました。

とにかく、毎日の準備がラクになるようにシステムをつくることに。開け閉めが大変な8枚の扉は最初から取り外して、ひと目で見渡せる収納にしました。

子どもたちはまだ小さいために、準備は私がやらなければなりません。まずは私がラクできる収納を第一に考えました。

つっぱり棒を設置し、引き出しは1ジャンル1ボックスの、ポイポイ収納。たたまずほうりこむだけの収納スタイルです。

3歳～自分で身支度時代

保育園を参考に個人ロッカーを作りました。
名付けて〈身支度ロッカー〉。
この仕組みがあるから子どもたちが自分でできる！

リュック置き場
ひっかけずに棚置きで

明日のタオル
3枚同じ柄でわかりやすく

明日のお箸とコップはここに

平日の服はここ

下着とくつ下
アイコンラベルで子どもにも
わかりやすく

1ジャンル1ボックス
たたまずポイポイほうりこむ
だけだから子どもにもできる

パジャマ置き場
脱いだらここに入れます

ムスコ

ムスメ

人別に

ほうりこむだけだから
自分でできるよ！

before

ひっかけは難しい

最初はこんなふうにフックにかけてリュックを収納しようとしましたが、ひっかけるのは子どもにはハードルが高かったようで、わずか一日で終了……

after

ほうりこむだけは簡単

こんなふうに棚にほうりこんでおくだけ、の収納にしました。これなら子どもも簡単で長続きします

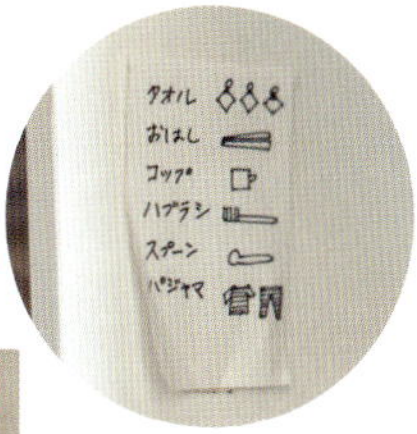

チェック表

ロッカーの横にこんなふうにチェック表を貼っています。持ち物を絵に描いてわかりやすく

1度着たパジャマの収納

引き出しの開け閉めは子どもには面倒なもの。1アクションですむように引き出しを抜いて棚として利用しています。これならただほうりこむだけなので、子どもでもやりやすいようです

平日の服はこのくらいです

基本は子どもたちが自分で管理できる量に。保育園の個人管理の仕組みを参考にし、同じくらいのサイズのかごを用意。5歳の子どもでは上下それぞれ4枚もあれば十分！と感じています

3歳になり、保育園でもリュックを持って登園のスタイルに変わりました。そのタイミングで「自分でできる！」システムに大きく変更しました。

試行錯誤の末、保育園と同じようにリュックをほうりこみ式の収納に。

息子と娘、左右で分けて、「身支度ロッカー」と呼ぶことにしました。

「ロッカー」と名付けたことで、「ロッカーから取ってきて〜」など、子どもたちとの意思疎通が一気にスムーズになりました。「ほら、あの棚の3段目の右の〜」では、子どもも親もわかりづらいですもんね。

お休みの日の子ども服の収納は？

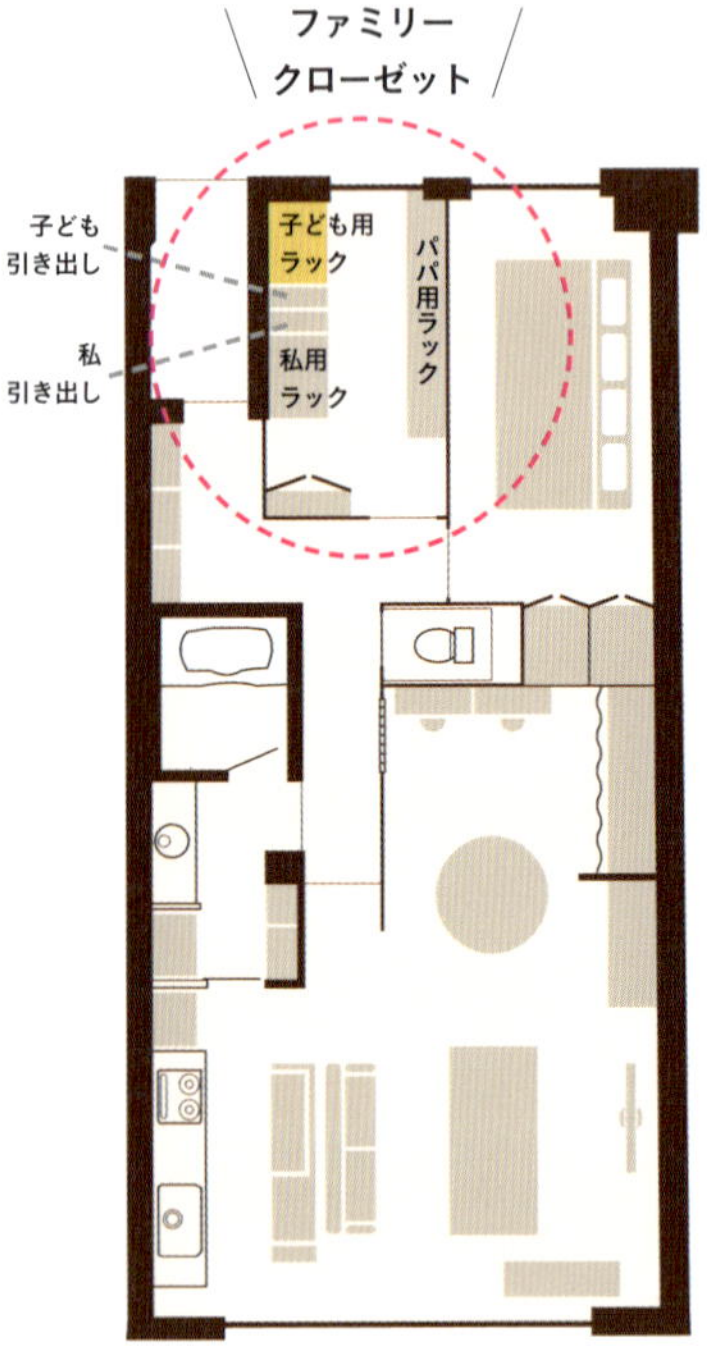
ファミリー
クローゼット
子ども
引き出し
私
引き出し
子ども用
ラック
私用
ラック
パパ用ラック

バーの高さは
調節可能！
子どもたちの
休日の服
樹脂ケースの右側
一列子ども用。
ズボンやスカート、
シーズンオフの保
育園着など1ジャ
ンル1ボックスで
収納
リサイクルに
出すモノ、実
家に返すモノ
などの一時置
き場ボックス

わが家では子どもたちの洋服は平日と休日、分けて収納しています。

玄関すぐ横の5畳の部屋に家族全員の洋服を収納し、ファミリークローゼットとしているわが家。

ここの一角に、子どもの休日服、シーズンオフの服がおさまっています。

平日は子どもたちが自分で好きな服を選んで着ていくかわりに、週末は夫がセレクト。

家族で柄を合わせたり、色を合わせたり、なんとなくファミリーコーディネートをして楽しんでいます。

現在、ハンガーバーの位置は大人の取りやすい高さですが、もう少ししたら、下にさげる予定です。

わが家の洗濯はこんな感じでやっています！
@お休みの日

洗濯物は「人別」に干す！

平日の洗濯物はドラム式乾燥機で仕上げているわが家ですが、週末にはベランダに洗濯ものを干しています。乾燥機にかけたくない夫のワイシャツや私の服、子どものおでかけ着などを週に1〜2回まとめて洗濯するのですが、この時私がいつもしている〈人別に干す〉ルールをご紹介します！

1

洗濯機から取り出しながら、ハンガーにかける

いったん洗濯カゴに入れるのは面倒ですし、ベランダで干すのは季節によっては暑かったり寒かったりするので、洗濯機前ですませています

2

ハンガーにかけたら、そのまま「人別」にひっかける

洗濯機の上に、子どもたちのものを。洗濯機と反対側に、夫のワイシャツたちや私の服を

3

ハンガーをそのままベランダへ持っていく

干す時に人別に分けて干す。このとき、洗面所とベランダは1〜2往復で終了。一度もリビングを通らない動線にしています

4

乾いたら、それぞれのクローゼットにハンガーごと収納

「人別」に干すメリットが一番感じられるのがこの工程！　わが家はクローゼットが完全に「夫」「私」「子ども」と3つに分かれているので、人ごとにハンガーをガッとつかんでそれぞれのクローゼットにひっかけるだけ！

最後に……私は洗濯ものをたたむのが苦手なので、こういった形にしていますが、洗濯の仕方はひとそれぞれ。天日干しがいい！　という方も、すべて乾燥機で！　という方もいらっしゃいます。自分にあった「洗濯動線」が見つかると、毎日が快適に過ごせますね！

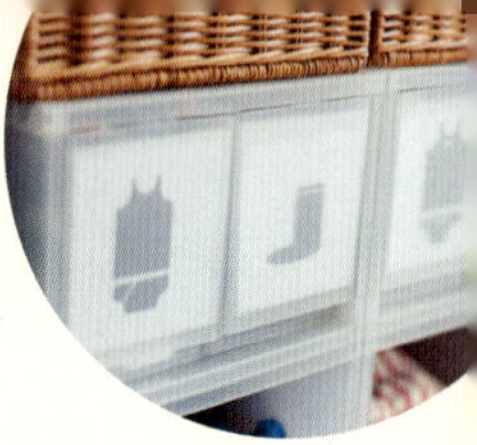

＼子どもが
ひと目でわかる／

アイコンラベルのつくりかた

パソコンの一般的な「エクセル」ソフトでアイコンラベルがかんたんにつくれます！

パソコンの種類やエクセルのバージョンによって操作方法が異なりますが、おおよその流れをご紹介します！

❶ アイコンをつくってみましょう

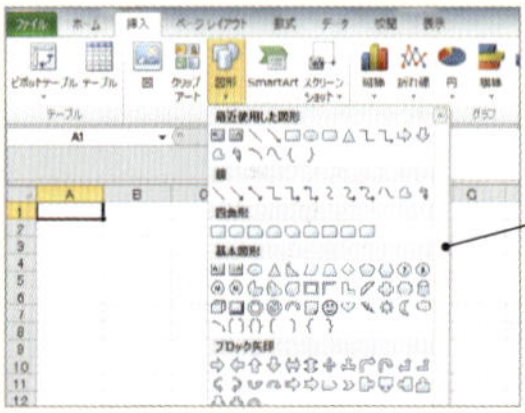

エクセルのホーム画面から「**挿入**」→「**図形**」を選択します

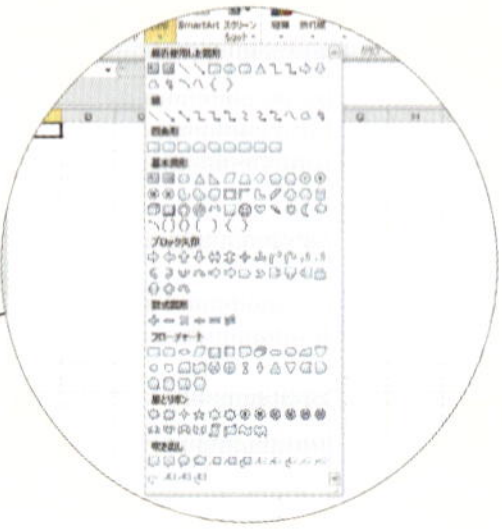

基本はこの図形の中から形を選び、組み合わせて作成します

→

❷

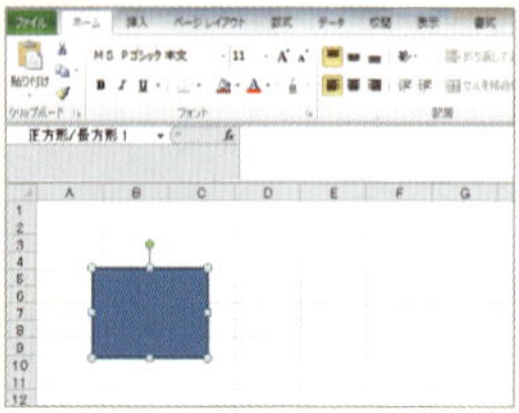

図の中から**四角形を選択**します。カーソルを動かしながら大きさを決めましょう

↓

❸

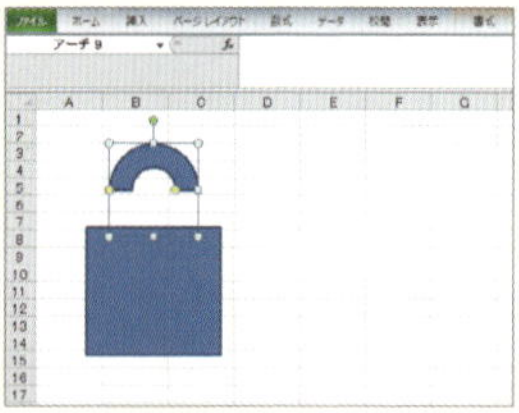

同じく「**挿入**」→「**図形**」からこんどはアーチ型を選択します。カバンのとっ手の部分です

←

❹

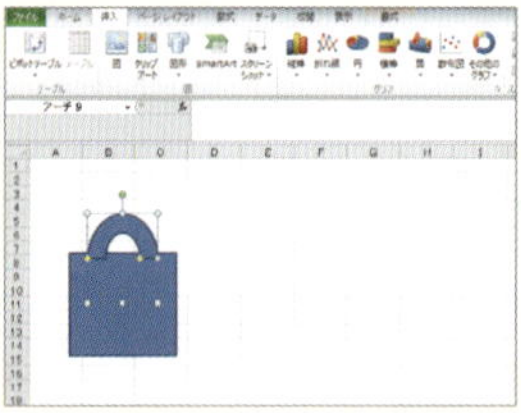

カーソルを動かして先ほどの四角形とアーチ型を合体させます

←

❺

テキストを挿入します。「**挿入**」→「**テキストボックス**」から「横書き」を選択します。カーソルを動かして文字の位置を選び、字の種類（フォント）、大きさを選びます

↓

❻

「**ホーム**」→「**書式**」→「**図形の塗りつぶし**」で全体を黒く塗りつぶします

／印刷して完成！＼

こんなアイコンも図形を組み合わせてエクセルでつくれます！

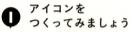

パソコンが苦手

プリンターがない

エクセルは面倒……

そんな方は……

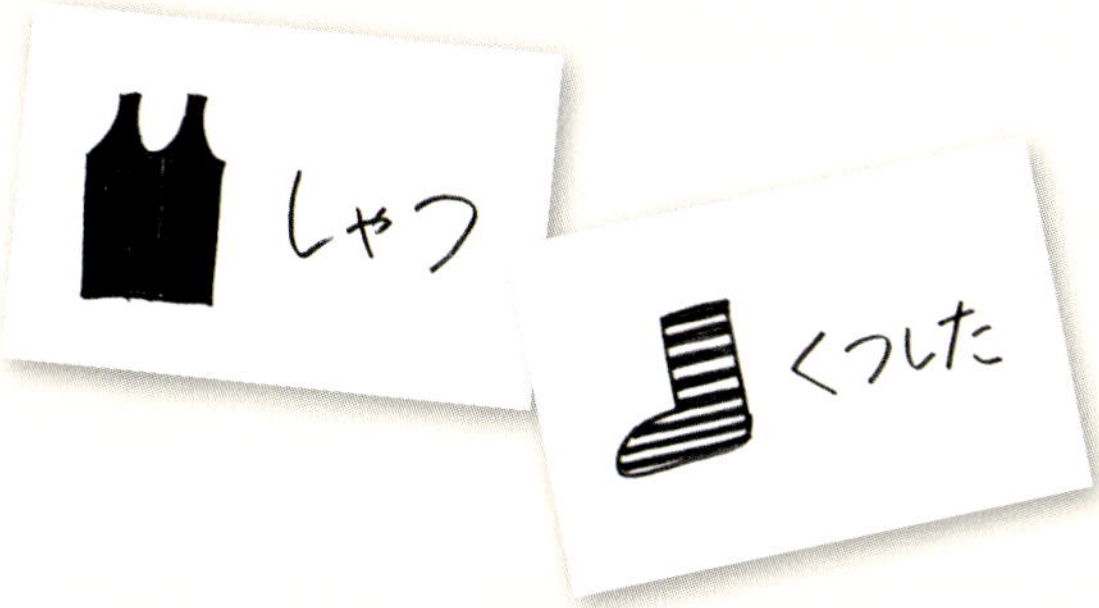

こんなふうに手描きの
ラベルでもかわいい！

それでもつくるのが面倒という方には……

身じたくシールセットをプロデュースしました！

身じたくシールセット

女の子用

男の子用

男の子用と女の子用がそれぞれ２枚ずつ！

貼ってはがせる！
再剥離シール

OURHOME 身じたくシール16枚セット
(男の子用／女の子用)
本体シール2枚（シール16枚分）／A4サイズ（210×297mm）、シール1枚あたり：A4サイズ8等分（105×74.2mm）／再剥離シール／価格690円＋税／ナカバヤシ　※男女のセットを分けて発売となります。

こんなふうになります！

6名の

〈子どものおもちゃ収納〉見せていただきました！

私がお宅に収納アドバイスにお伺いしたお客様や、
整理収納セミナーにご参加くださった方の実例をご紹介します。

I

U・I さま
（収納アドバイスのお客様）
兵庫県在住
子ども　5歳♀

動線を考えて子どものものを1ヶ所集中収納

- 今までおもちゃを探すのに時間がかかっていましたが、動線が短くなり、子どもの目線でもわかりやすくなったことで、「お母さん、おもちゃを取ってきて」ということがなくなりました。
- 手ごろな価格の収納用品を使いながら、安っぽく見えないし、住環境の変化や子どもの成長にあわせて気兼ねなく変えやすいのがいいと思います。

置いて
使ってみてから

「Emiさんに来ていただいた当日に家にある棚や空箱を使って〈仮置き〉をしていただきました」

※参考商品
組み替えられるウッドラック（ハンガーバー付）
幅90×奥行45×高さ183.5cm／パイン材／￥25,812（送料別）／ベルメゾン

「ボックス前の写真は、デジカメで撮影後、L版にて2分割印刷。ダイソーの軟質カードケースに入れて、貼ってはがせる両面テープで貼り付けています」

まずはお宅に
あるもので「仮置き」を！
お子様が使いやすい
サイズ、棚位置を確認して
新しい商品を
ご提案しました

2

A・Sさま
（収納アドバイスのお客様）
大阪府在住
子ども　2歳♂、中学生♂、高校生♀

すのこを使って棚を手作り

▶ 1ジャンル1ボックスであること、写真を添付することで、子どもはもちろんのこと、家族や遊びに来た祖父母や友達みんなが、一緒におかたづけができます。

▶ 子どもの目線に配慮し、BOXの中身が見えるよう棚位置の高さに気をつけ、すのこを使ってDIYしました。

手づくりするとサイズピッタリ！
お子さんも喜びますね！

3

Y・Iさま
（セミナー受講生）
兵庫県在住
子ども　6歳♂、3歳♂

押し入れの下段におもちゃ収納

▶ お友達がきて、おもちゃで遊んだ時も、おかたづけをみんなでしやすいです。

▶ 写真ラベルが面倒だったということもありますが、ちょうどひらがな・カタカナを覚えてほしい時期だったので、ラベルをひらがな・カタカナでかきました。

字が読めるなら文字ラベルも
良いですね！ 一目見て
おもちゃが見渡せるような
浅いタイプのボックスも
おすすめです

市販のシールに手がきしました

4

M・Nさま
（収納アドバイスのお客様）
神奈川県在住
子ども　3歳♂、5歳♂

手がきラベルで子どももわかりやすい！

▶ 3歳の息子でも分別しながらおかたづけができるようになりました。もともとあったボックスを利用し、お金をあまりかけずに、しっかり収納できる棚ができたことに大満足です。

▶ ラベルを手がきのイラストですべてかいています。字の読めない子どもでもわかります。

写真ラベルが面倒なら、
手がきでも十分！

5

H・Hさま
（セミナー受講生）
兵庫県在住
子ども　4歳♀

国産桐のオープンボックスで使い回せる収納を

シンプルなボックスなら、
小中学生になっても
十分使い回せますね！

- どこに何があるかわかるので、自分でおもちゃを出して遊べる。自分でかたづけられる。ボックスごと運んで、遊びたい場所に持っていける。うちに遊びにきたお友達や、ママさんにもしまう場所を伝えなくてもわかってもらえるので、バイバイした後にかたづける、ということがなくなりました。
- 棚は奥行きが27センチと浅めですが、前面を合わせることですっきり見えるようにしています。

6

C・Uさま
（収納アドバイスのお客様）
大阪府在住
子ども　7歳♂、2歳♀、1歳♂

スチールラックでおもちゃボックスを

- オープンなスチールラックに透明なボックスを組み合わせて、リビングの一角におもちゃボックスをつくっていただきました。透明なので中身がわかりやすいです。
- 最下段には置き場所に困っていたおもちゃのベビーカーや「ロディ」なども収納。
- 教えていただいた絵本立てのボックスを購入し、元からある棚を絵本ラックとして使うことにしました。

元からお宅にあった
スチールラックを使い、
上段は7歳のお兄ちゃん
下段は2歳の妹ちゃんの
収納にしました

5名の〈身支度ロッカー〉見せていただきました！

I

M・Tさま
（セミナー受講生）
大阪府在住
子ども　8歳♀、6歳♂

カラーボックスで兄弟別の身支度ロッカーを。ランドセルも収納

▶ 三段ラックを子ども1人にひとつ与え、毎日の登園・登校に必要な物をまとめました。これで、幼稚園児の息子も自分で用意できています。

▶ リビングに隣した和室にこのラックを置いているので、おもちゃ類が散乱する事も減りました。

幼稚園の弟
ロッカー
小学生の姉
ロッカー

1台ずつ分かれているので、将来は各子ども部屋で使い回せますね！

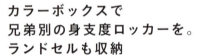

2

M・Nさま
（セミナー受講生）
大阪府在住
子ども　5歳♂、2歳♂

子どもたちが取り出しやすいゆったり収納

余裕のある収納で
お子さんが取り出し
やすいですね！

- 2歳の次男も保育園のカバンのかたづけができるようになりました。5歳の長男は制服と帽子をキチンと定位置に戻し、朝は自分で身支度してます。
- 毎朝、パパが保育園へ連れて行くのですが、さっと荷物が出せるので朝のバタバタしている時もスムーズです。

3

Y・Nさま
（セミナー受講生）
兵庫県在住
子ども　2歳

オリジナルアイコンラベルで子どもも一目見てわかる

- おもちゃ三段ボックスと保育園三段ボックスを組み合わせることによって、子どもが自分の場所だと感じているようです。
- おもちゃをかたづけた後に保育園の着替えもすぐできるように時間短縮しています。

四角いボックスは使い回せてよいですね！
ボックスの上に空間があると、
お子さまはもっと使いやすいかも！

4

U・Iさま
（収納アドバイスのお客様）
兵庫県在住
子ども　5歳♀

玄関1ヶ所に まとめることで いちいち取りに いかなくてすむ

▶ 帽子、アウターをよく部屋まで取りに戻っていましたが、玄関で完結できるようになりました。定位置を決めることによって、子どもが自分でかたづけ、身支度ができるように。

▶ 玄関のデッドスペースを利用することにより、玄関の見栄えも良くなりました。

玄関のシュークローゼットを
より使えるようにご提案しました

※参考商品
つっぱり式ラダーラックホワイト
棚付き／幅66㎝／￥11,869（送料別）／ベルメゾン

5

Y・Iさま
（収納アドバイスのお客様）
兵庫県在住
子ども　6歳♂、3歳♂

次男の
通園バッグ
習いごと
リュック
長男の
通園リュック
スイミングバッグ

帰ったらすぐに かばんをひっかけられる 洗面所に設置

▶ 洗面所にカバンかけを設置しています。園から帰宅したら、カバンはここにかけて、洗い物を洗濯機に入れるようにしています。スイミングのカバンも同じくここです。動線が少なくすむので、とても楽で助かってます。

お子さんの背が高くなれば、
フックの位置を調整すればOKです！

※参考商品：同上

Topic

A・S さま
（収納アドバイスのお客様）
大阪府在住
子ども　2歳♂、中学生♂、高校生♀

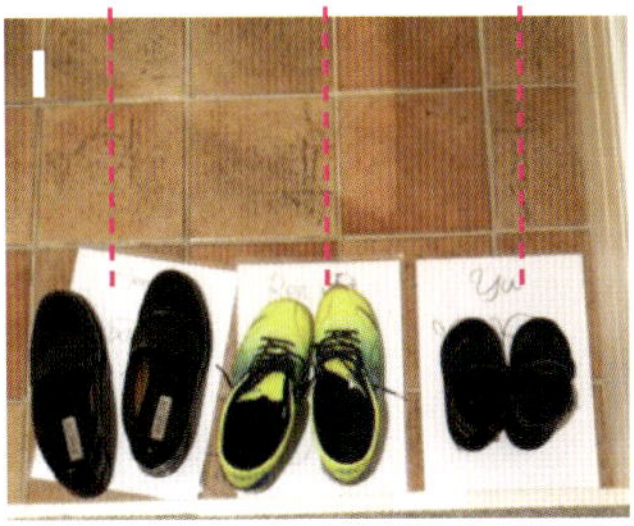

くつシート導入レポート！ 初日の写真です。
3人とも靴が綺麗に揃えられています。

↓

数日後。おやおや長女の靴のみ、外から帰宅したままの向きで靴揃えです。
よしとしましょう(*^^*)

↓

とある日。長男の靴揃えシートの上に、サッカーシューズが何足も重なっていました。「明日の試合に何足か持って行くから」と長男。
面白くて思わずパシャリ。

家族で靴シート、つかってみました！

当時のわが家は靴がぬぎっ放しの状態でした。中高生の姉兄に口うるさく注意をしていましたが、毎回言うのがかなりのストレスに。結局、私が靴を揃えていました。

そんな時、Emiさんの「双子ちゃんが靴をそろえました！」のブログ記事を読んで、2歳前の次男に試しに絵を描いて導入してみました。

まだ早過ぎるかも？ と思いながらでしたが、とても素直にすんなり靴揃えができました。驚きでした。目で見える形やマークがあれば赤ちゃんにでもわかるんだ！ と。

現在は次男の靴揃えシートのみ玄関に貼っています。長女長男は完璧とまではいきませんが(^^;;
靴を揃えて家にあがる習慣が身についたように思います。

わが家のくつ型シート

大きいお子さんにも
使っていただけるとは、
オドロキでした！
「置いてみたくなる！」は
年齢にかかわらず
共通なのですね！

〈子どもスペース〉参考アイテムご紹介

わが家では実際使っていませんが、こんな商品でも代用可能です！
参考になるアイテムたちをご紹介します！

お買い求めになる際は、必ずサイズをご確認くださいね！

おもちゃボックス

VARIERAボックス
ハイグロス　ホワイト
幅33.5×奥行24×高さ14.5㎝／¥599／イケア・ジャパン

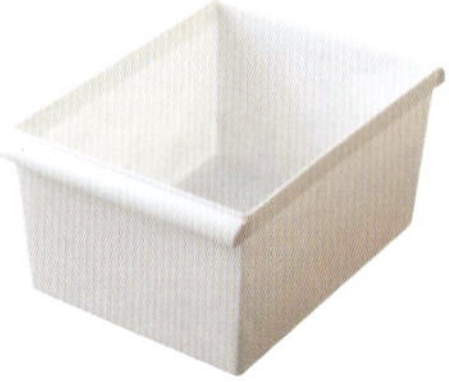

コンテナースリム
浅型　ホワイト
幅19×奥行27.3×高さ13㎝／¥540（メーカー参考上代）／吉川国工業所

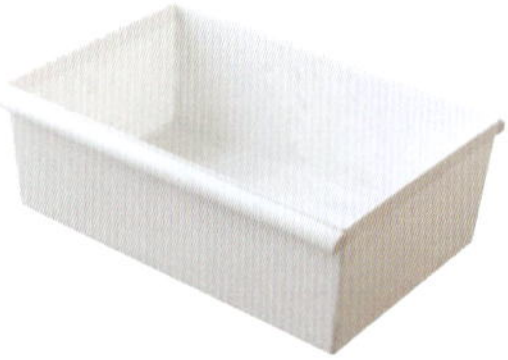

コンテナーワイド
浅型　ホワイト
幅38×奥行27.3×高さ13㎝／¥756（メーカー参考上代）／吉川国工業所

katasuカタスハコ
ホワイト　Lサイズ
幅38.6×奥行25.8×高さ25.1㎝／¥923／SANKA／インテリアパレット

katasuカタスハコ
ホワイト　Mサイズ
幅38.6×奥行25.8×高さ15.5㎝／¥698／SANKA／インテリアパレット

重なるラタン長方形
バスケット・小
幅36×奥行26×高さ12㎝／¥2,300／無印良品

Life Storyクラフト
オブロングシリーズ
収納ボックスM
幅28.5×奥行20×高さ9.3㎝／¥518／アンジェ web shop

Life Storyクラフト
オブロングシリーズ
収納ボックスL
幅34.5×奥行23.6×高さ11.3㎝／¥648／アンジェ web shop

オープンBOX

パイン材ユニットシェルフ
86㎝幅・小
幅86×奥行39.5×高さ83㎝／¥8,400／無印良品

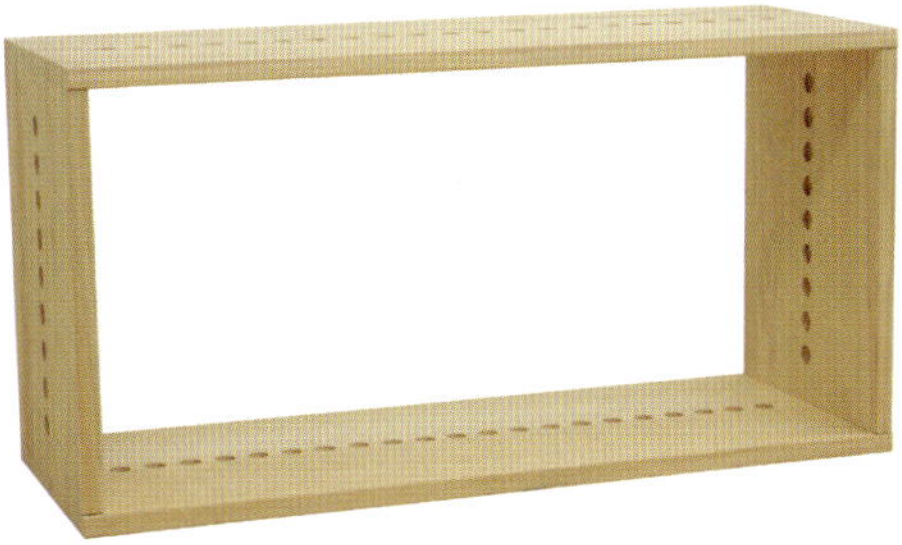

桐無垢材オイル仕上げボックス
Vineヴァイン LLBox ナチュラル
幅72×奥行27×高さ36㎝／¥10,800／リエルマルシゲ Re-L SHOP

曲げ木のオープンラック
ナチュラル
（写真はダークブラウン）
幅66×奥行30×高さ33㎝／材質…天然木化粧合板（メープル材）／¥7,549／ベルメゾン

文房具収納

ポリプロピレン
小物収納ボックス６段
A4タテ
幅11×奥行24.5×高さ32㎝／¥2,000／無印良品

絵本収納BOX

カウネット
はかどるローライズ
ファイルボックス
幅10.5×奥行31.9×高さ16.2㎝／¥183／カウネット

column 2

家事の合理化と、子育ての関係

小さな頃から「家事」に興味があり、中学時代の夢は「専業主婦」だった私。

そんな私が結婚をし、仕事をしはじめたころから、「家事の合理化、効率化」に興味を持ち始めました。

双子たちが1歳半のころ仕事復帰をしてからはなおのこと、「いかに早く、いかに簡単に、時間をかけず、手間をかけず家事をするか」を考えて、工夫し、突っ走ってきました。

洗濯ものは干さず、たたまず、乾燥機をかけてポイポイ収納。食洗機、コードレス掃除機、ネットスーパーの利用。ありとあらゆる手段を使って、乗り切ってきたのです。

心の中で、「どう？ 工夫してがんばってるよね、わたし！」の気持ち。

でも、子どもたちが3歳になる少し前だったでしょうか。ネットスーパーの宅配のおじさんが食材を玄関先に届けてくれたとき、つたないコトバで「おかーさん、おじさんかってくれたの～？」と子どもが聞きます。それは、おじさんが食材を買ってくれている、という意味だったのです。そこではじめて、はっとしました。

このままでは子どもたちは買い物の仕方も知らずに育ってしまう。季節の野菜や果物の見分け方。

そういえば私は、小さい頃に祖母や母に教えてもらっていたのに……。食器の洗い方、パンツのたたみ方だってそう。

そんな当たり前のことに気がついたのが、子どもたちが3歳と少し前、でした。そこから、合理化してよい家事と、してはいけない家事を意識して、今に至ります。

3歳のころからはじめた、「子どもと一緒に」は、今でもわが家の子育てのキーワード。

いっしょにハンバーグをこね、いっしょに洗濯ものをたたみ、いっしょに食器を洗う。

もちろん毎日ではないし、時には今日は勘弁して～と正直に言ってしまう日もあるけれど、完璧を目指さず、気張らずに、できるときにできる分だけ。

その先に、子どもたちが自分でできるようになったら、本当の意味での「時短家事」が訪れるのかもしれません。

Chapter 3

悩みはみんな一緒だね！

みんなの質問Q＆A

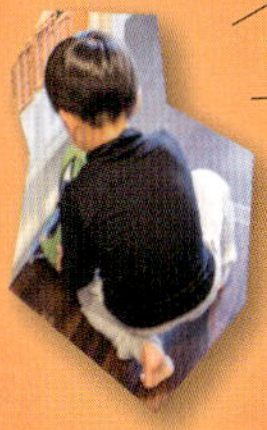

明日の準備中

整理収納セミナーの受講生やブログ読者のみなさまからいただく、
「これはどうしたらいいの〜？」にお答えいたします。
これまで収納アドバイスにお伺いしたお客様のお宅の実例や、
わが家のあれこれも交えてお届けします！

Q

「Emiさんちのマネをしておもちゃ収納をつくってみましたが、子どもが使いづらいみたい……どうしてでしょう？」

おもちゃがたくさん2歳女の子ママ

A

「それは棚とボックスの間に空間がないからです」

ではみてみましょう

一見何の問題もないように見えるのですが、棚とBOXの間に空間がありません。ある程度の空間がないと、子どもはボックスを引き出さないと中身が見えないため、元にも戻しにくくなるのです。

ママ〜みえない〜

とりにくい〜

OK!

この空間があると
とりだしやすい！
KAWAI

とれた～！

1アクションで

上に空間があれば、奥にあるおもちゃまでラクラクとれます。このようにちょっとした工夫をしてあげることで、子どもにも取りやすくかたづけやすい収納が可能に！

△ 扉付きの家具って？？

扉付きの収納は一見すっきりしていますが、子どもにとってはハードルが高いもの。それは何が入っているのか一目でわからないから。また、扉の開け閉めのアクションが増えるので、子どもにとっては使いにくい収納なのです。子どもが小さいうちは、扉を外してopen収納として使うなどもおすすめです。

Q

「子どもたちがダイニングテーブルでお絵かきをします。こまごました文房具の収納はどうしたらよい？」

文房具があふれて困ってますママ

A

「わが家では、文房具を引き出しごと運んでいます！」

情報ステーションの文具コーナーから

子どもって、最初は色えんぴつを使っていても、途中でクレヨンで色を塗りたくなったり……よくある光景ですよね。そのたびに、色えんぴつやクレヨンを取りにいく、というのは大人でもすこし面倒。お絵かきに集中するためにも、わが家は、文房具の入った引き出しごと運んでいます。引き出しの中には、「クレヨン」「色えんぴつ」「色ペン」などが一緒に入っています。最初はアイテム別に分けたかった私ですが……子どもたちの使い方をみて、こんな収納に変えてみました。

例えばこんな方法も……

ダイニングテーブルの上がいつも子どもたちの文房具で散らかるという、大阪府T様（6歳、4歳姉妹のママ）のお宅にお伺いしました。

子ども部屋に毎回取りにいくのは面倒、でもキッチンカウンターの上にはあまりモノを置きたくない……ということで、ダイニングテーブルの横にあり、あまり活用されていなかった食器棚の引き出しを、文房具入れに変身させました！

ここなら、子どもたちも手の届く高さで、ダイニングテーブルのすぐ横にあり、取り出しやすく戻しやすい位置です。中をカゴでざっくり仕切っておけば、かごごと持ち運びも可能。

このように、本来は「食器棚」だけれど、一部を「文房具引き出し」として使う、など固定観念を取り払ってみて、ここにあったら便利かも？ を考えてみるのもよいかもしれません。

この引き出しなら
子どもでも手が届く！
大阪府T様のお宅

ペンはかごごと
ダイニングへ

Q 「〈身支度ロッカー〉をつくりたいけど どんな家具を買ったらいい？」

洗面所に棚がない！ママ

A 「カラーボックスひとつでつくることができます！」

洗面所に造り付けの棚がない場合は、
カラーボックスを洗面所や廊下に置くのもおすすめです。
兄弟別に並べて使うのもよいですね。

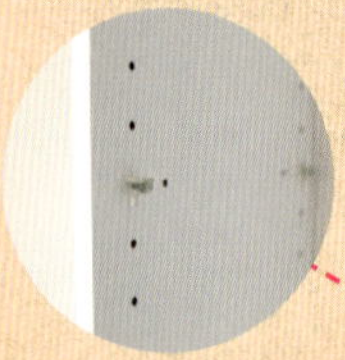

棚板の高さが調節可能な
カラーボックスを選ぶと成長に
合わせて使いまわせます

カラーボックス
（カラーBOX カラボ３段 WH）
幅42×奥行30×高さ88㎝／棚板枚数2枚／￥1,102（税別）／ニトリ／棚板の位置はネジで固定となります。本商品に棚ダボは同封されておりません

棚板は追加購入可能な
ものを選ぶと便利

追加棚板
（ツイカタナイタ カラボ WH）
￥324（税別）／ニトリ

平日の服はここ

JUST-ITコンテナーワイド
浅 ホワイト
幅38×奥行27.3×高さ13㎝／￥756（メーカー参考上代）／吉川国工業所

くつしたと下着はここ

JUST-ITコンテナースリム
浅 ホワイト
幅19×奥行27.3×高さ13㎝／￥540（メーカー参考上代）／吉川国工業所

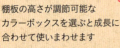

Q
「子どもの好きなTV番組。録画DVDがたまる一方……」

整理ベタママ

A
「わが家はHDDの容量の範囲内に収めています」

HDDがいっぱいになりそうになったら、子どもと一緒に「要／不要」を判断します。見返す時間は限られているし、限界があることを知ることも子どもにとっては大切だと思っています。

何かを消さないと、次の自分が見たいものを予約できないことを子どもたちは知っているからできるシステムです。

録画DVDの収納スペースもつくらなくてよいし、一石二鳥！

Q「転勤族のわが家に合う家具は？」

引っ越しばかりママ

A「使い回せる、組み替えできるものがベスト！」

現在使っているおもちゃのボックスを引っ越し先でも使いたい！ という転勤族のN様。

おもちゃの種類が増え、細かいものが増えてきたこともあり、引っ越し先での新しい使い方をご提案させていただきました。

元々使っていたのは、キャスター付きボックス。置き方を変え、オープンボックスとして利用することに。数個追加購入していただき、ホームセンターで購入した板を渡して、おもちゃ棚を作成しました。

小学生になれば、ランドセルや教科書入れとしても活用していただく予定です。

こんなふうに、組み替えのきくアイテムであれば、お子様の成長、転勤先に合わせたサイズで使い回すことが可能です。

※家具等を積み重ねる場合は安全に十分留意して、ご自身の責任のもと行なって下さいますようお願い致します

Q

「すぐに小さくなる子ども服。Emiさんはどうしていますか？」

捨てるのはもったいない！ ママ

A

〈ゆずるBOX〉&〈古布BOX〉をつくっています！

子どもたちの洋服はあっというまに着られなくなりますもんね。わが家は、子どもと一緒にP62のおもちゃの整理と同じ方法で、洋服を整理し、まだ着られそうなものは「ゆずるBOX」へ入れ、いとこのところへ。泥だらけだったり、シミがとれないものは、キッチンにある「古布BOX」へ入れておきます。時には子どもが自分で入れたりも。

床に何かをこぼしたり、汚れたときには、子どもたちがこの「古布BOX」から自分で取りだして床をふくこともあります。

キッチン

〈古布BOX〉

一番下の段が「古布BOX」。子どもにも手が届くところです

〈ゆずるBOX〉

ファミリークローゼットにある「ゆずるBOX」。使わなくなったおもちゃなどもここに入れておき、満杯になったら、いとこに届けています

Q

「普段のお絵かきで
よくかけたものの収納は？」

うちの子上手で困ってますママ

A

「一時的に飾り、年に1冊ファイルにまとめています」

子どもの絵、捨てられないですよね。特によくかけたものは……。
そこで、わが家はこんなルールをつくっています。

❶ 普段かいたものは子ども別の〈お絵かきポスト〉へ
子どもが自分で入れています

❷ 飾る場所は、子どもスペースの扉だけと決めて
よくできたものを飾ります

❸ 年に1冊まとめてA3判で
子ども別にファイリング

Q 「幼稚園から持ち帰る立体作品の収納は？」

置き場がない〜！ママ

A 「〈思い出BOX〉に子ども別に保管！しています」

持ち帰ったものは一時的に飾った後、子どもたちと残しておきたいものを選びます。最初はすべて置いておきたい！と思ったものの、結局は見返す余裕はないのですよね……。そこで、収納スペースの少ないわが家は、このBOXに収まるだけ！と決め、選んで保管してあります。もしお子様が「残しておきたい！」と言い、スペースにも余裕がある場合は無理に処分しなくてもいいと思います。小学生のお子様をお持ちのママから、「子どもたちは小学生になると意外とあっさりして、もう処分してもいいよ〜と言うようになり、少し寂しいくらいよ」と伺ったことがありました。

BOXはSeriaの「A4ファイルボックス W」（¥108）を使用

子どもスペースにある情報ステーション

Q

「子どもの好きなキャラクターもの どうやってとり入れていますか？」

キャラがちょっと苦手ママ

A

「すべてNGではなく、とり入れるルールを決めています」

私も出産前は子どもができてもキャラクターものはNGにしようと思っていました。でも実際生まれてみると……子どもはキャラクターが好きで、

「持ちたい！ 着たい！」

でもそのwantってすごく大切だと思います。子どもの「スキ！」も大切にしたい。だけどなんでもかんでもとり入れるのではなく、下着・くつ下・お弁当グッズはOK！ がわが家のルールになりました。

「キャラの服が着たい！」と言う息子に、夫が「それはかっこわるい！」と頭から否定してしまい、幼い心が傷ついたことがありました。そこからは夫婦で話し合い、「○○が選んだそれもかっこいいけど、こっちの方がもーっと○○に似合うと思うな！」と子どもの意見を否定せず伝えるようにしています。

Q

「おもちゃで溢れるわが家……子どもと一緒にどこから手をつけたらよい？」

どうしていいかわからないママ

A

「小さなかごひとつから整理をはじめよう！」

そうですね。たしかにお客様のお宅にお伺いしても、あまりにおもちゃの量が多く、「子どもと一緒に」判断すると何日もかかってしまうことがあります。システムづくりのとっかかりはパパママがある程度までは判断してOKだと思います。

でも、ぬいぐるみBOXひとつ、ままごとBOXひとつ、など、BOXひとつだけは必ずお子様と一緒に仕分けを「判断」するようにしてみて下さい（P62参照）。

幼稚園から帰宅したら魔法みたいに部屋がスッキリしていたら、仕分けの過程を知ることもありません。それは子どもが学べる機会を奪っていることなのかも。

やらせよう、でなくとも、横で親が仕分けの姿を見せるだけでも十分大切なことだと思います。

ままごとかごひとつから！

ぬいぐるみボックスひっくり返してやってみようか？

column 3

「どんな子育てがしたい？」

「どんな子育てがしたい？　子どもたちに、どんな子に育ってほしい？」

ふとなぜか、日曜の混雑したファストフード店で夫と話すことになりました。

『心がやさしい子』

『人の気持ちが考えられる子』

いろいろあるけれど、私は最低限、自分のことが自分でできる子に育ってほしいな、と夫に言いました。

毎日の身支度、明日の準備……。親である私たちにこの先どんなことがあるかはわからない。基本のやり方を知っていれば、きっとどこでもやっていける！　そんな思いでいました。

すると夫からはこんな言葉が。

「うーん、親に愛されてる！　って子どもが思えたら、それで十分ちゃう〜？」

「自分は、親から愛されているって気持ちがあれば、なんでもできるよ。オレはあの2人の将来はもう大丈夫って思うけど」と……。

私よりずいぶん上手《うわて》。本当に心から、そうだなーと思った日曜の昼下がりでした。

子どもたちが自分でできる環境づくり、それも大切。

でもいちばん大切なのは、「親に愛されている気持ち」、これですね。

Chapter 4

もっと！子どもと「おかたづけ」を楽しむ アイデア15

子どもと一緒に
なんでも！

さあ、「子どもが自分でできるシステム」が完成！
子どもが自分からすすんでかたづけたり、
明日の準備をするようになった！
でも……時々やる気がなくなったり、途中で投げ出してしまったり。
そうそう、わが家もその繰り返しです。
子どもが「いや〜もうやらないっ！」と言い出したとき、
あきらめてしまうのではなく、
ちょっとした工夫次第で、子どものやる気の芽を引き出せるかも！
4章では、わが家が実際にやっているアイデアをたくさんご紹介します。
今日はどれをやってみようかな？
と楽しみながら取り組んでいただけると幸いです。

子どもとフリーマーケットを開催しよう！

「いらっしゃいませ〜♪」

街のフリーマーケットに訪れると、小さな子どもたちの声が聞こえてきます。学生時代からよくフリマを開催していた私たち夫婦。もし自分に子どもが生まれたら、子どもと一緒にフリーマーケットをしたい、そう思っていました。

双子たちが小さなころはまだ難しかったけれど、4歳になる少し前にはじめての開催！

〝ちいさなおみせやさん〟は、エプロンをしてお店当番です。自分たちがいらなくなったおもちゃ、もう小さくなった服を誰かが買ってくれる喜び。小さいながらもいろいろと感じるところがあるのかな。

お金のやり取りや、知らない大人との会話も新鮮な様子。不要なものを処分して、楽しいやり取りができるフリーマーケットは本当におすすめです。

リサイクルショップに家族で一緒に行こう！

もしも、フリーマーケットを開催するのが少し大変なら、子どもと一緒にリサイクルショップに持ち込むのもおすすめです。自分が「いらない」と決めたおもちゃ、いくらで売れるんだろう？　そんなことを知るチャンスだったりします。

セミナー受講生の方に、このお話をしたところ、６歳の息子さんと「おもちゃの整理大会」を開催し、その足でリサイクルショップへ行かれたそう。すると、おもちゃの山がたったの１００円!!　息子さんは驚いて、これからはたくさんおもちゃを買わない！　と自ら言ったということでした。手にしたその１００円は好きなものを買ってＯＫにしたというエピソードも聞かせていただきました。

不要なものの処分などは、ついつい子どもたちが幼稚園に行っている間にサッとすませたくなりますが、あえて一緒に行動することで学べる機会があるのでは、と思っています。

子どもとビフォア・アフターを共有しよう！

個人のお客様の収納アドバイスにお伺いする前に、いちばん最初にやっていただく作業が「お部屋の写真を撮影すること」。ただ写真を1枚撮るだけなのに、客観的に部屋を見つめることで、問題点が見えてくるのです。毎日暮らして見慣れているわが家が、写真を通すと全く違った感覚に見えるから不思議なものです。

　これを子どもに応用して、わが家では、子どもスペースが乱れてきたら……スマホで撮影し、一緒に見て、どこがダメなのかを考えたりすることがあります。「かたづけなさーい！」と口すっぱく言うよりも、「ちょっと写真とってみて、一緒に考えよ！」でスムーズに動ける日もあるかもしれません。

　また、スッキリなお部屋が完成したら、それもぜひ、写真におさめてみてください。スッキリ気持ちよくかたづいた状態がどんなものか、親も子どももゴールイメージが持てるとスムーズです。

そうじの役割分担をゲームで決めちゃおう!

「トイレのおそうじ、だれかやってくれる人?」

気分がいいときは、「はーい」「はーい」と子どもたちの声が聞こえる日もありますが、やはりそこは気持ちにムラもあります。返事がないときは、「よしっ、くじびきやる人?」と誘うと、おおきな返事が聞こえてきます。

〈トイレ〉〈玄関〉〈ベランダ〉と場所別の、ストローくじびきをつくってみたり、家族それぞれの名前を書いたくじを用意したり。ゲーム形式で、掃除の場所や、担当を決めたりする日もあります。もちろん子どもたちは大喜び。そして、大人も参加の真剣勝負。くじを引く瞬間は、いくつになってもドキドキしますもんね。

実はこの方法、以前、取引先の会社が、掃除当番を決めるルーレットを活用されていたのを見て、いつか家族ができたらこんなふうにやってみよう、とあたためていたアイデアなのです。どうせやるなら、イライラや険悪なムードなしに、楽しく。

「子ども専用の引き出し」を旅先でもつくろう！

毎年夏休みは少し遠くに出かけます。旅先のホテルに着くといちばんはじめにするのがスーツケースを開けて、荷物をすべて出すこと。大人の洋服の仕分けが終わったら、子どもたちに、「どの引き出しにする？」と聞きます。自分で選んだ引き出しを、「自分専用」にして洋服や、パジャマ、下着もすべてここに入れます。3、4日と過ごすところだと、子どもたちも家と同じように自分でできると、すごく助かりますよね。せっかく旅行でくつろぎにきたというのに、「おかあさん、あれどこ～？」「パジャマ出して～」では、ゆっくりできません。また、子どもたちにとっても、出したいものがどこにあるかわからないことはストレス。ひとつの引き出しにすべてが収まっていたら、旅行中も自分で着替えや準備ができます。

実はこれは、実家の帰省でも同じ考え方。長期帰省が毎年あるならば、ご実家に専用引き出しをつくってもよいかもしれませんね。

子どもと、「スッキリ！」なお宅におじゃましよう！

　整理収納アドバイザーという仕事をしていますが、そんな私ももちろん、「おかたづけ」のやる気がなくなること…あります（笑）。そんな時は、スッキリとかたづいた友人宅へ行くと、たくさんの刺激を受け、やる気がどんどん湧いてきます。

　これはもしかしたら、おかたづけのやる気が低下してきた子どもたちにも、使えるかも！　と思い立ちました。例えば、子どものおもちゃや絵本が使いやすく収まっているお宅、子どもがわくわくする空間をつくっているお宅に、子どもと一緒にあそびに行くのです。

　わが家がよくお邪魔する友人宅には、押し入れに子どもの秘密基地が！　子どもたちにとっては憧れのようで、帰宅後は、工夫して部屋の隅を秘密基地に見立ててみたりすることもあります。

　そんな友人家族がいると、親も子もこんなおうちにしたい！　のイメージが共通で持てて良いかもしれません（パパもできればご一緒に！）。

時間を決めて
タイマーをかけて取り組もう！

毎日同じことを繰り返していると、どうしても飽きてしまいます。これは大人も子どもも同じこと。そんなときは、タイマーをセットして、よーいスタート！　5分、3分、限られた時間を設定すると、どうしてこんなに早くできるのでしょうか。いつもならもっと時間がかかることも、クリアしよう、というゲーム性があると、どんどん進んでいきます。ただ、「早くやること」＝「いいこと」ではないので、本当にやる気がなくなって、何か工夫はないかな？　というときにするくらいで。このときに大人もちょっと面倒だなと思っていることを一緒にやるのがポイント。「おかあさんも洗いものイヤだけどさ……タイマーかけて、一緒にやろうよ！」と子どもが明日の準備をする横で一緒に行うようにしています。親がタイマーを持って、「あと1分！」では、脅かしているみたいですもんね（笑）。子どもと一緒に、親もがんばる、そんな姿勢を見せられたらなと思います。

子どもの好きなキャラクターに代弁してもらおう！

「しゅくだい、まいにち、ちゃんとやんねーとダメだぞ！」

夏休みに、収納アドバイスにお客様宅へ伺ったときのこと。お客様がつくられた、とあるキャラクターの手作りカレンダーに、こんなメッセージが書かれてありました。お伺いしてみると、小学1年生の息子さんが大好きなキャラクターがいて、それを壁に貼って、息子さんに伝えたいことを書くと、ママが口で言うより効果的、なのだそう。なんとすてきなアイデア！　それ以来、講座でもこのお話をさせていただくようになりました。

子どもたちは、そのときそのときで好きなキャラクターが変遷しますが、タイミングに合わせて、手作りでメッセージボードをつくるのもいいですね。

わが家は、今のところ、息子は戦隊もの、娘はふりふりのお洋服を着た女の子、もう少ししたら新しいキャラクターに変わるのかな？

おかたづけの歌を流してみよう！

この音楽がかかればおかたづけの時間！ 子どもたちが今よりもっと小さな2、3歳だったころ、幼稚園や保育園が、こんな方法を導入していると聞き、参考にしていた時期がありました。

園では、毎日決まった音楽を先生がピアノで弾いたり、CDをかけたりして、その間、子どもたちは遊んだおもちゃたちを、棚へ戻したり、かごに入れたり、するそうです。

私は、家では、「おっかたづけ〜♩ おっかたづけ〜♩ さあさみんなでおかたづけ〜♩」と歌うだけだったけれど。口ずさみながら、3人でおもちゃをほうりこんでいたのも今となっては懐かしい思い出です。音楽が効果的だなと感じたのは、3歳ごろまで。

最近では、スマートフォンのアプリや、YouTubeなどの動画をセットしておいて、おかたづけのタイミングで流してみるのもよいかもしれませんね。

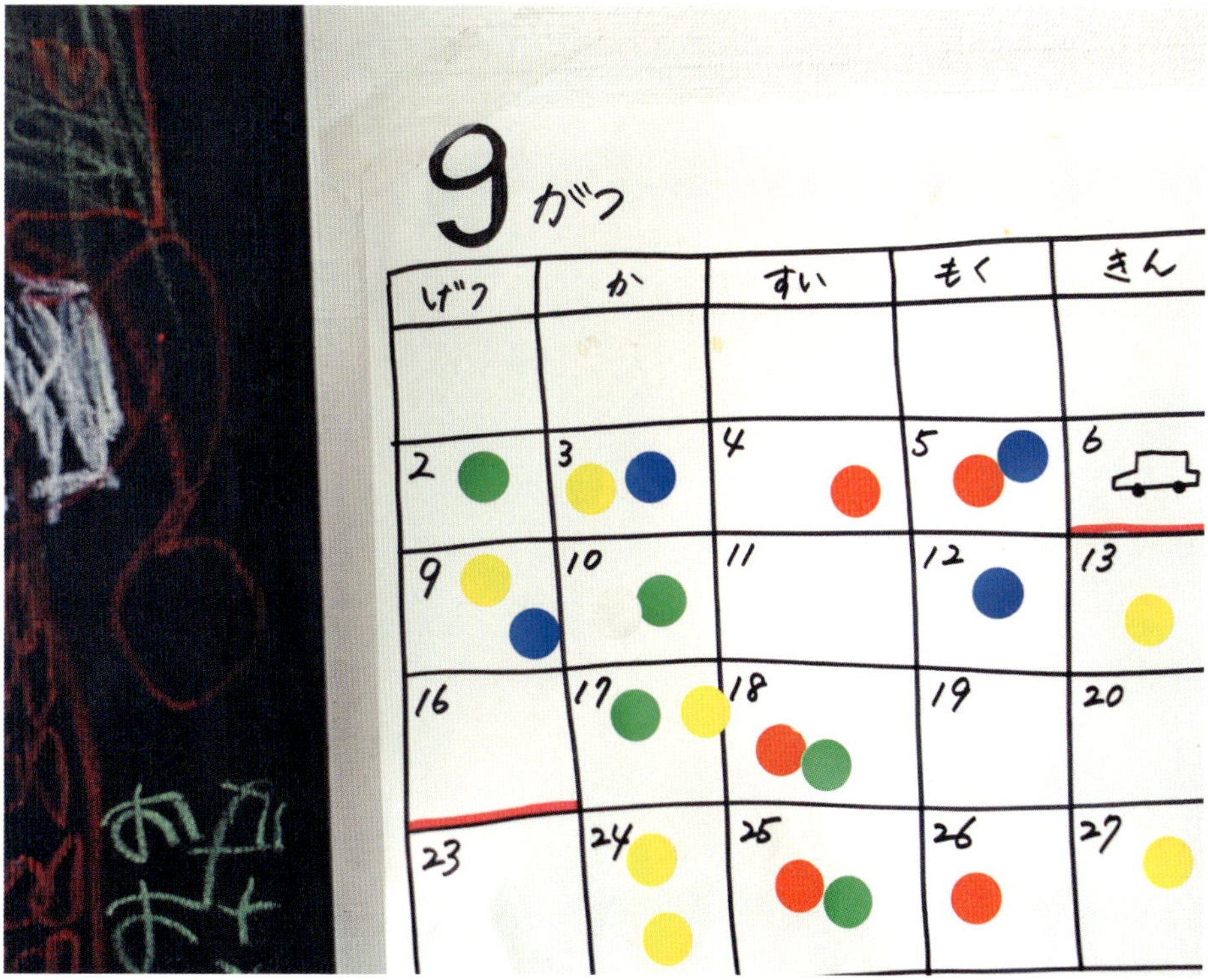

シール、はんこで「がんばったね表」をつくろう！

ありきたりな方法だけれど、がんばったらシールを貼れる！　はんこを押せる！　というのは、いくつになっても嬉しい様子。兄弟がいると特に、見た目に分かりやすいシールやはんこは、競争心が芽生えるようです。「〇〇には負けたくない！あしたもがんばる！」兄弟間争いをあまり煽《あお》ってはいけませんが、やる気につながる方法は取り入れていきたいなと思っています。

思い返せば、私が高校受験のとき、毎日帰宅後の4時間を4つの科目に分けて勉強するスタイルにしていました。4マスつくり、終わればはんこを押す。これがモチベーションにつながって勉強が続けられていたことを懐かしく思い出します。今でも、TO-DOリストにチェックをするのが仕事のモチベーションアップに。いくつになっても変わらないものですね。とはいえ、子どもたちはシール貼りに飽きがきてしまう時期もあります。そんなときは潔くほかの方法に切り替えて。

＼子どもと一緒に、／

30分の大整理大会 & クリーンセンターへ行こう！

なんだか家の中が乱れてきた……
おかたづけもうまくいかず、不要なものがたくさん！
そんなときは、子どもと一緒に時間を決めて大整理大会をしよう！
出たゴミはみんなでクリーンセンター（ゴミ処理場）に持っていきます。
ゴミがどんなふうに処分されるのか子どもたちと見届けるのも大切なこと。
わが家は年に2回、恒例の家族のイベントとしています。

1 時間を決めて30分限定みんなで大整理大会！

おかたづけは、だらだらと、一日中取り組んでもなかなか進みません。子どもが小さいうちはとくに集中力もなく長時間は難しいですよね。まずは、30分限定！　など短い時間からスタート。もう少し子どもが大きくなったら60分！もいいかもしれませんね。

　子どもに「いる？　いらない？」と聞いてしまうと、「いる〜！」と答えてしまうので、「これ気にいっているかな？」「これ、使っているかな？」「おにいちゃんになっても使うかな？」などの声かけが、子どもに響くようです。

2 クリーンセンターへ 事前に電話予約！

家庭で出た不要なものを、クリーンセンターに自分で持ち込むことができます（＊注）。

不要なものを家族みんなで仕分けしたのに、ゴミの日を待つために玄関や廊下がゴミであふれてしまっては気分がすぐれませんよね。その日に出たゴミは、すぐにクリーンセンターに持ち込んで、その日のうちにスッキリ！　するのがおすすめです。クリーンセンターには事前に電話予約を入れ、家族にも「予約したからがんばろう！」と宣言するのもおすすめ。

3 車につめこんで クリーンセンターへ！

4 ゴミの処分

自治体にもよりますが、ゴミの重さで支払う値段が決まります（一般的に、回収していただくよりも割安）。

自分たちが出したゴミがどんなふうに処理されるのかを、子どもたち自身も一緒に見ることができます。

不要なものをためない、そしていらないものを買わないという努力も、親が口で言うより感じるところがあるのかもしれません。

毎年、ゴミの量を減らすのが目標！　です。

（＊注　東京23区のように一般家庭ゴミの持ち込みができないところや、電話予約や提出書類が必要、など、各自治体によって対応が異なりますので、事前に必ずお住まいの自治体にお問い合わせください）

こんな声かけ
を意識しています

子育て真っ最中、まだまだ勉強中の私ですが、
こんな4つの声かけを意識してやっています！

1 「かたづけて！」ではなく、具体的な言葉で伝えよう

ついつい言ってしまいがちな「かたづけなさーい！」という言葉。わが家も、意識していないとついつい出てしまいそうになります。

でも、この「かたづけなさい」という言葉は、子どもにとってはもしかしたら外国語みたいなものなのかもしれない、とふと思いました。

大人に置き換えてみましょう。会社で働いているときに、「仕事して！」と言われても、何をどう動いたらよいのかわかりませんよね。

「え？　仕事してってどういうこと？　もっと具体的に教えてもらわないと……」

となります。

小さい子どもならなおさら、具体的な言葉がけが必要なのかもしれません。

「かたづけなさい」ではなく、

「リュックをロッカーにしまおうね」

「ぬいぐるみ、赤いかごに入れようね」

などの、具体的なコトバ。

ある程度大きく（5、6歳ごろ）なってくると、親があまり先回りをして指示してしまうのは子どもの考える芽を奪ってしまうことになりかねませんが、小さな年齢の子どもにはできるだけ具体的な言葉で、を心がけるとよく伝わるのだと思います。

❷ 子どもが安心するのは、「オウム返し」

大学時代のアルバイトでの出来事です。

個別指導塾の講師をしていた私は、中学2年生の女の子を担当していました。多感な時期、勉強の悩みだけではなく、精神的な悩み相談を受けることもたくさんありました。

どんな回答をしたらいいものか……と迷っていたとき、上司の方に教えていただいたことが、今のわが家の子育てにもつながっています。

たとえば、

生徒「明日、学校行きたくないねん……」

私「そうなん、行きたくないんや～」

生徒「なんか、いやな気持ちになるねん」

私「そうなん、いやな気持ちになるんやね～」

と、とにかくオウム返しのように繰り返してあげるのです。それだけで、子どもは安心する、と上司の方に教えてもらいました。

聞いたときは「本当に？」と半信半疑でしたが、いざ実践してみると、ただ同じことをオウム返しに繰り返しているだけなのに、生徒の顔は晴れ晴れとしてきました。不思議なものです。

でも自分に置き換えてみると、夫に相談するとき、すぐ答えを用意されても、「そんなこと言ってるんじゃないねん」となりますもんね（笑）。「そうか～そうか～」と聞いてくれるだけで、安心するのは大人も子どもも一緒、なんですね。

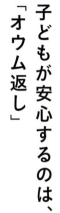

❸ 〝自分でできた！〟と思わせてあげる

「誰かに言われて、じゃなく、自分で考えて、自分でできたんだ！」

　子どもがこんな気持ちを持てたらとても幸せなことだと思います。子どもに「自信」の気持ちが芽生えますよね。

　私が、大学時代経験したキャンプリーダーでの出来事です。ある場所に集合しなければならない、その集合時刻5分前。まだ子どもたちは熱心に遊んでいて動く気配はない……。ここで「みんな、5分前だから行くよ！」と子どもを促してしまいそうになるのですが、これでは自分で気づいて行動したのではなく、「言われたから動いた」ことになってしまいます。

　そこで私は、「あれ？ 今何時だっけ⁉」と言ってみました。子どもたちは、ふと時計を見ます。すると何人かの子が、「あ！ 集合5分前！ 行かなきゃ！」と気がついて、みんなで行く準備を始めたのです。

　すかさずそこで私は、「すご～い！ 自分たちで気がついて5分前行動できたね！」と褒めて褒めて褒めちぎりました。すると、子どもたちは、みんな得意気なのです。えっへん！ の自信顔。

　このように直接的に指示を出すのではなく、「それとなく気づかせる→子どもが行動する→その行動を褒める」が大切、とキャンプリーダー時代に学びました。

　自分に子どもが生まれてからは、わが家でも実践。

「かたづける時間だよ！」「はみがきの時間だよ！」と急《せ》かすのではなく、「いま何時だっけ？」「おかあさんそろそろ眠たいな～（寝る前のはみがきの時間だよ）」と子ども自身に気づかせるような声かけを意識しています（とはいえ、もちろんまだまだ修行中ですが！）。

4 最後の最後は……「おかあさんも一緒にしよう!」が効果大!

いろいろなお宅に伺い、またわが家の双子の子育てを経験して、感じたことがあります。それは、子どもがひとりで最初から最後までおかたづけができるようになるのは、5〜6歳頃だということ。

5歳前までは、10あるうちの、2ができたら褒める、3ができたら褒める……そうしているうちに、ひとつずつ階段を上っていける、そんな年齢のようです。子どもにただ「やりなさい!」と言うだけでは、やはりまだ難しい年齢なのです。

わが家は小さいころからシステムをつくり、いろんな仕掛けや声かけをたくさんトライしてきましたが、子どもたちがどうしてもやる気がなくなったときの最終兵器はやっぱりこれ!

「おかあさんも一緒にしようか! 今なら特別大サービス!」

結局のところ、これが一番効果を発揮します。考えてみれば、子どもが一緒にやろうと親に求めてくれるのも、人生のたった数年、ですものね。

毎日子どもが一人で完璧にできること、そこをゴールにしているわけではありません。

時々寄り道したり、山を登ったり、下ったりしながらも、愉しみながら親子でおかたづけ、そして暮らしを愉しめるようになれたら、とても幸せなことですね。

おわりに

わが家の双子たちが通う保育園の先生からこんなすてきなお話を伺いました。

実のなる木を見て人は、「おおきな実ができてすごいね！」「赤い実がなってるね」「新しい葉がたくさん出てきたね」と言います。このように人は、できあがった実、生い茂る葉、ぱっと見たときにわかりやすいものについて、すごい！　と褒めるものです。でも、その葉がついたり、おいしい実がなるためには、木の根っこがしっかりと地にはって、成長していなければ、枝も葉も実も育ちません。

ひらがなが書ける、英語が話せる、計算ができる。保育園児でこれらのことができるのはとてもすばらしいことだと思います。でも、それらのわかりやすい見た目の「できること」ではなく、そこに至るまでの、根っことなる部分、たとえば基本的な「朝早く起きること」「自分で自分のことができること」「人のことが思いやれること」など、点数にはしづらいけれど大切な、根っこの部分を、保育園時代にしっかりと身につけさせてあげたい。園でも家庭でも。その大事な部分がしっかり根付いていれば、小学校にあがったときに、きっときっと碧《あお》々とした緑やきれいな色の実がたくさんなるのだと思います――と。

心にじ～んと響きました。私自身、整理収納アドバイザーとして、そして5歳の双子の母として、子どもたちが小さいころから、子どもたちの力を信じ、家庭の中でその力を引き出してあげたい、そう思って活動をしてきました。でも、周りのお友達が、漢字が書けたり、英語を話せると聞いたとき、心のどこかで、やはり早めにやらせてあげたほうがよいのかなと思うときもあったり……。

今回、園でのお話を聞いて、それも大切だけれど、子どもたちが5歳の今、小学校入学前までに、しっかりと「自分のことが自分でできること」「使ったら元に戻すこと」「家族のみんなのことを考えて、次の人が使いやすいようにすること」、こんな当たり前のことがしっかりできるようにする、いまはそれでいいんだ、と自信を持つことができるようになりました。そしてやはりこのことをもっとたくさんの方に伝えていきたい！　と改めて感じ、この書籍を出版させていただく運びとなりました。

最後になりましたが、「ぜひ、子どものおかたづけの本を一緒につくりましょう！」と声をかけてくださった編集の小宮さん、子どもたちの自然な動きをステキに引き出してくださるカメラマンの仲尾さん、デザイナーの三木さん、古川さん、誌面にご協力くださったみなさま、関わってくださったすべてのみなさまに心より御礼申し上げます。

また、いつも応援し、協力してくれる夫と子どもたちにも感謝！

「おかたづけ育」を通して、子どもと一緒に工夫し、家や家族をつくっていく、そんな家族がたくさん増えるよう、願いを込めて。

２０１５年２月

emi

SHOP LIST

アイリスオーヤマ	0120-211-299
アンジェ web shop	http://www.angers-web.com
イケア・ジャパン	0570-01-3900（カスタマーサポートセンター）
インテリアパレット	http://www.rakuten.ne.jp/gold/interior-palette/
カウネット（「マイカウネット」）	http://www.mykaunet.com
KATOJI（カトージ）	http://www.katoji.co.jp
KILAT★	http://www.kilat.jp/
木のぬくもり館	http://www.kinonukumorikan.com/
クロワッサンの店 東急東横店	03-3477-4567
Seria	0120-188-581
ナカバヤシ	0800-600-8870
ニトリ	0120-014-210
ベルメゾン 千趣会	0120-11-1000
無印良品 池袋西武	03-3989-1171
リエルマルシゲ Re-L SHOP	http://www.rakuten.ne.jp/gold/re-lshop/
吉川国工業所	0745-77-3223、03-5992-8571

STAFF

撮影　仲尾知泰（カバー、帯、本文下記頁以外すべて）
p49、72、73（左上）…川井裕一郎　初出『片づけのルール』（成美堂出版）
p48、49（丸囲み写真）、50、51、60、64、65、67（上）、73（右）、75（右上）、79、80、81、97…著者
p82〜89、100…ご協力読者様

イラスト　ノダマキコ

デザイン　三木俊一＋古川唯衣（文京図案室）

校正　大川真由美

OURHOME Emi

整理収納アドバイザー。双子の息子と娘の母。
「家族のシアワセは、暮らしの基本となる『家』から」をコンセプトに、2012年OURHOMEを立ち上げる。収納プランニング、雑誌連載、NHK文化センターや阪急百貨店でのセミナー開催、商品企画プロデュースなど多彩に活躍。中でも「子どもの写真整理術セミナー」は50回超えの人気を誇る。著書に『OURHOME 子どもと一緒にすっきり暮らす』『子どもの写真整理術』(以上ワニブックス)がある。暮らしや子育てのアイデアを発信し続けるブログ「OURHOME」は常にランキング上位に。2014年にはNHK「あさイチ」に出演するなど、活動の場を広げている。

HP　ourhome305.com
ブログ　ourhome305.exblog.jp

OURHOME
子《こ》どもと一緒《いっしょ》にたのしく
おかたづけ育《いく》、はじめました。

2015年3月3日　第1刷発行
2015年4月4日　第4刷発行

著者
Emi《エミ》

発行者
佐藤 靖

発行所
大和《だいわ》書房
〒112-0014
東京都文京区関口1-33-4
電話　03-3203-4511

印刷
歩プロセス

製本
ナショナル製本

ISBN978-4-479-78308-4

※本書に記載されている情報は2015年2月時点のものです。
商品の価格や仕様などについては変更になる場合があります。
※価格は特別な表記のない限り、税込価格です。
※価格などが表示されていない著者の私物に関しては現在入手できないものもあります。
あらかじめご了承ください。
※本書の収納・家事・育児方法などを実践いただく際は、
建物の構造や性質、商品の注意事項をお確かめのうえ、自己責任のもと行ってください。